禪修《心經》

萬物顯現，卻不真實存在

不要斬所顯，而要斷所執——
由淺入深，逐步分析，直指《心經》空性法要。

堪祖蘇南給稱仁波切　不丹布薩祖古
伏藏王多傑林巴 傳承

張福成◎譯

目次

《心經》禪修精要指導之二 71

《心經》禪修精要指導之四 153

出版緣起

自從臺灣多傑林巴佛學會於二〇一三年成立以來，學會指導上師堪祖蘇南給稱仁波切鼓勵弟子須多專注於多傑林巴傳承五加行的修持，務必完成五十萬次的五加行大圓滿前行次第修持，爲之後的禪修大圓滿法來打好根基。

然而，在金剛乘的修持中，常以《心經》迴遮修法來減少及迴遮修行者的障礙，也由於華人社會的佛教弟子大都可以背誦或是抄寫《心經》，並以此來修持及養性。但是我們通常都只能口頭唸誦，卻無法眞正明白空性及無我勝慧的甚深法義。雖然大家常以「去我執」來提醒自己，但是又有多少人能明白「無我」的勝慧呢？修行者也常常因爲這種一知半解的無明，而誤用空性的深義，製造出更多身口心三門上的不善業，產生更多的五蘊執著。

因此，弟子不斷地祈請仁波切能於在臺期間教學開示《心經》法義，而仁波切也觀察到弟子們過去三年來的努力精進，在五加行的修持上也都有所進步，於是在好的緣起下，特別利用二〇一七年八、九月在臺期間，分五次詳細說明《心經》。經由張福成老師的翻譯闡述，圓滿弟子請法的心願。

由於聽聞後弟子們皆法喜充滿，雖然自知本身的修持離空性覺受還很遙遠，但是在仁波切深入淺出地講授《心經》法義的加持下，發心將法語開示集結成書。雖然坊間已有眾多的《心經》講解開示，但大都以漢傳佛教為主，鮮少從金剛乘的角度來講解說明《心經》的經文及空性的開示，因此希望藉此書與更多有法緣的佛子分享此甚深教法。

書中，仁波切期許行者要以善的念頭來聽聞佛法，而聽聞法理時的關鍵要點在於約束自己的身口心三門，並保持清淨。三門之中最重要的當然是「心」，內心的關鍵要點為：去除過去、現在及未來三時之妄念，專注於現在所要學習的「法」上，鬆緊適中地聽聞教法。在五次講解中，仁波切將《心經》法義，運用：見地的抉擇、觀修的要點、果位及行持等四項，分別配合經文來加以分析。

在見地的本質上，以空性四合與空性八義，緣取五蘊、十二處、十八界，先抉擇此為自性不能成立，之後陳述分析「本質空」及「因無相」。在了悟「本質空」及「因無相」時，也就是抉擇「無我」。

之後進入「果無願求」部分，也就是無所追求。「果」的基礎法就是輪迴、涅槃，而輪迴及涅槃都是緣起的法，因此講解十二緣起及四聖諦。就果的部分來看，輪迴涅槃無別，此爲聖者的道路，爲本智所得的果位，是本智方面空性「法無我」的抉擇。

就《心經》而言，其正式的內容及意義在見地的抉擇上，主要是「萬法自性不能成立」及「無我」。

仁波切也特別開示：雖然人有生老病死之痛苦，但因爲人有思惟之能力，可透過思惟法義後做禪修——這只有人才能做到，也就是得人身的殊勝難得處，而人心是可以控制的，身體則是適當的器皿。然而，人的壽命短暫而法的意義深遠，若以配合論典之方式來實修空性，要在這麼短的時間內通盤瞭解五道十地的理論，並就四部宗義所談的見地觀修空性等做廣大學習及禪修，是十分困難且不易達到的。

因此可以採直接禪修《心經》之方式，透過禪修來引發覺受。空性的意義是遠離戲論，一切萬法是緣起所形成的，我們從五蘊中首先緣取色法，也就是用身體這一項目來做分析及理解：瞭解身體是因緣會合所形成的、是自性不成立、其自性不成立之因及其助緣爲何等等。對以上這些在《心經》上所談到的，好好地逐一做分析、理解及做抉擇，慢慢地就會有覺受產生，此即爲直接觀修之方式。

覺受，以白話來講就是切身的經驗，也就是常聽到的「如人飲水，冷暖自知」。當覺受產生後，導入於日常生活中的衣食住行來做串習，如此其覺受便會逐漸進步。

我們現在有這善緣可以聽聞及學習《心經》，也順著自己的能力瞭解其意義，又有機會做觀修，因此要好好把握機會。不要等到將來若是遭遇困境時，由於當下面臨很大的壓力和急迫性，那時想要思惟空性的意義就非常困難了。

仁波切曾於二〇一七年出版《覺醒的明光》，深度講解大圓滿前行五加行及禪修次第；也在過去四年發行四張佛曲光碟：《Music & Joy 喜悅喜樂》、《覺醒》、《祝福》、《大悲觀音》。此次，佛學會期望藉由出版此書之善緣，能對讀者種下般若波羅蜜多的菩提空性種子，也祝福大家在修行路上，順心順意，廣結善緣。

在此感謝本書所有的參與者及張福成老師的翻譯協助，感謝大家的付出。願以出版此書所累積的功德善業，迴向所有佛法的修行者、護持佛法的功德主，及迴向一切有情眾生。

臺灣多傑林巴佛學會

二〇一八年六月九日（藏曆四月二十五日，空行母日）

講說《心經》之緣起與祝福語

佛陀所開示的教法廣大甚深不可思議，而一切萬法總歸為空性之法性及緣起，除此無他，其核心思想便是般若佛母的意義。因此，重視佛法者必定會對般若大佛母的法義熱烈追求，而臺灣此一情形更加明顯，有很多人即使不懂《心經》法義，但也會背誦《心經》，也有很多人從小便開始背誦，甚至天天唸誦，此即代表此地般若大佛母的法緣殊勝，我十分隨喜，也希望此一殊勝法緣能持續下去、流傳久遠。依於此一法緣，將來大家更易於證悟般若大佛母的甚深法義，我個人抱著如此的期望並給予祝福。

《心經》是佛陀針對空性所做一深入且詳盡之開示，其講解之內容甚深不可思議。故此，講說者想要如理如實地講解，是十分困難甚至是無法做到的；而聽法者想要如理如實地產生證悟，也是非常困難，幾乎也是無法做到的。

就《心經》的內容而言，所談的是整個廣大無比的五道十地，歷代以來各宗各派的大博士們都投入許多精神及心血來做闡述與講解。各上師們講說《心經》時，除根據往聖先賢祖師們的口訣外，也會依自己的實修覺受、經驗、瞭解和體悟來做多方的闡述，所以也各有其特別之處，然而其目的皆相同，均是希望聽法者能在內心先對《心經》產生概念性的認識，之後再逐漸有更深入的瞭解與體悟。

講解好比瞎子摸象，因眼睛無法實際看到，只能用描述的方式盡量讓聽聞者內心產生概念，先有大略的瞭解，爾後在深入學習後便能對道次第的內容、法性、緣起等有更進一步的領悟，期望將來有朝一日能證悟，這是我的期望。

我們現在是在爲未來的證悟做熏習及準備，因此希望大家能重視佛法並努力學習，將來必能愈來愈進步、愈契入佛法。此次的講解，除了我自己所親自聽聞到傳承自祖師們的口訣外，也將自己思惟及實修後所產生的體悟，努力試著讓大家能容易理解。

這些傳承口訣都是經過南贍部洲、二聖、六莊嚴、怙主龍樹、聖者無著等的校訂、檢察後，確定純正無誤而被留傳下來，所以這些教法也如同佛陀所親自開示的教法般，能對廣大的眾生產生利益與幫助。然而因時代的改變，值此五濁惡世，人內心的煩惱更加粗重，因此若想要讓佛法發揮得更廣大恐怕也不太可能，末世佛法只會愈來愈沒落。但倘若大家認爲佛法很重要，因而把這些珍貴的教法隱藏起來不讓他人知道，這種擁寶自珍的心態也是不對的。身爲一個行者，承事佛法是應該的，基於這樣的責任感，我把傳承自上師那邊所聽到的佛法，加上自己的體會，講解讓大家聽聞。即便聽聞者暫時無法產生如理如實的證悟，但凡是聽聞佛法者、思惟法義者、聽到法音者必能於內心種下解脫之種子，此爲佛陀所開示過的，因此我也抱著這樣的期望努力來講解。

然而因爲我個人內心尚存有些許愚昧無知，所以對於甚深的法理總還有些地方不能徹底瞭解，在此情況下做解說，錯誤在所難免，加上透過翻譯也可能不愼有誤，因此先向般若大佛母、傳承祖師、往聖先賢及撰寫這些經論的大博士們懺罪。雖然我的講說難免仍有錯謬，但佛陀的教法是爲利益有情眾生所做的開示，因此這些法肯定對眾生會產生利益。基於此一考量，加上法的加持力、諸佛菩薩加持力、傳承祖師加持力，有必要把這些教法弘揚出來，利益大眾。

身爲說法者的我，有如信差，把佛陀所開示的教法交到聽法者的手上，希望這佛法禮物能對大家產生幫助。希望佛陀正法及傳承的教法都能發揚光大，也期盼法脈傳承的弟子們能迅速證悟般若佛母的勝義、成就佛果。

祝福大家，吉祥如意。

堪祖　蘇南給稱　仁波切（布薩祖古）
二〇一八年七月十六日（藏曆六月初四）

《般若波羅蜜多心經》

中文經名：《般若波羅蜜多心經》
梵音經名：《巴嘎瓦第　扎加巴喇謎大　啥達雅》
藏音經名：《炯滇爹瑪　謝喇季　帕羅督沁北　寧波》

唐三藏法師　沙門法成　譯

皈依發心

諸佛正法以及聖僧眾，
直至證悟菩提我皈依；
以我所作布施等福德；
為利眾生發願證成佛。

頂禮：薄伽梵母般若波羅蜜多

如是我聞一時，薄伽梵住王舍城鷲峰山中，與大苾蒭眾及諸菩薩摩訶薩俱。爾時，世尊入甚深明了三摩地法之異門。

復於爾時，觀自在菩薩摩訶薩行深般若波羅蜜多時，觀察照見五蘊體性，悉皆是空。時具壽舍利子承佛威力，白聖者觀自在菩薩摩訶薩曰：

「善男子、善女人修行甚深般若波羅蜜多者，當云何修持？」作是語已

觀自在菩薩摩訶薩答具壽舍利子言：

若善男子，善女人，欲修行甚深般若波羅蜜多者，彼應如是觀察。五蘊體性皆空。

色即是空、空即是色、色不異空、空不異色。如是受、想、行、識亦復皆空。

是故舍利子，一切法空性，無相、無生、無滅、無垢、無離垢、無減、無增。

舍利子，是故爾時空性之中無色、無受、無想、無行、亦無有識。無眼、無耳、無鼻、無舌、無身、無意。無色、無聲、無香、無味、無觸、無法。無眼界乃至無意識界，無無明亦無無明盡，乃至無老死亦無老死盡。

無苦、集、滅、道、無智、無得、亦無不得。

是故舍利子，諸菩薩眾以無所得故，

依止般若波羅蜜多，心無罣礙、無有恐怖，超過顛倒、究竟涅槃。

三世一切諸佛亦皆。依般若波羅蜜多故，證得無上正等菩提。

舍利子，是故當知般若波羅蜜多大密咒者，是大明咒，是無上咒、是無等等咒、能除一切苦咒、真實無虛故知般若波羅蜜多是祕密咒，即說般若波羅蜜多咒曰：

爹雅他　嘎諦嘎諦　波羅嘎諦　波羅僧嘎諦　菩提薩訶。

舍利子，菩薩摩訶薩應如是修學甚深般若波羅蜜多。爾時，世尊從彼定起，告聖者觀自在菩薩摩訶薩曰：

善哉！善哉！善哉！

善男子如是如是，如汝所說。彼當如是修學般若波羅蜜多，一切如來亦當隨喜。

時薄伽梵說是語已，具壽舍利子、聖者觀自在菩薩摩訶薩、一切世間天、人、阿蘇羅、乾闥婆等皆大歡喜，聞佛所說，信受奉行。

薄伽梵母般若波羅蜜多，心要之大乘經典圓滿。

《心經》
禪修精要指導之一

首先要感謝導師釋迦牟尼佛的善巧方便，才有我們今天所要說明的教法內容可以學習。也因爲弟子的多次請法要求，此爲好的緣起，所以特別安排在臺灣期間對《心經》做講解與說明。

佛陀三轉法輪

釋迦牟尼佛爲了消除眾生的痛苦故發起菩提心，在經過三個無數劫的時間廣大地累積資糧，最後在菩提樹下證得無上正等正覺圓滿的佛果。之後順著眾生個別的根器、種姓、勝解力及能力程度，廣大地轉動法輪，此即爲眾所周知的三轉法輪，分別如下：

第一次轉法輪是在鹿野苑，講述的教法內容是：四聖諦，爲四諦法輪。

第二次轉法輪是在靈鷲山，講述的教法內容是：般若法門，萬法無自性相爲無性相法輪。

第三次轉法輪是在廣嚴城等無固定的處所，講述的教法內容是：妥善區分何者爲有，何者爲無，爲善分別法輪。

《心經》屬於二轉法輪的部分，以《般若經》爲主。《心經》是《般若經》中的精要，然而要對《般若經》的思想做一解釋，實在是無比的困難。所以我們先就《心經》詞句字面上的意義來做詮釋與概略性的講解，大家可以當作學習佛母《般若經》的預備動作。

佛陀利益眾生的行誼事蹟非常殊勝且不可思議，總體而言可以歸納爲十二相類型，此即眾所周知的「十二相成道❶」。在此十二大類行誼事蹟之中，大家公認最爲重要的、也是最爲殊勝的，就是「廣轉法輪」。何以故？因爲只要是在三界六道中的眾生，一定都會飽受苦苦、壞苦和遍行苦的三苦逼迫，同時又須忍受無法超越此痛苦之苦。眾生遭受以上諸苦的原因何在呢？就是在於無知與不瞭解。

佛經中曾說：「無知最爲苦！」因爲不瞭解之故，形成錯誤的見解與錯誤的認知，進

編註：

❶佛陀故事又稱佛本生故事，是釋迦佛一生中各階段形象的綜合。由佛傳故事選取佛陀一生中的重要事跡，由四個、八個或十二個連續的畫面來表示其生平，稱為四相圖、八相圖或十二相圖。藏傳佛教多以十二相為準，包括：⑴兜率說法，⑵乘象入胎，⑶樹下降生，⑷太子習藝，⑸宮中娛樂，⑹遊觀四門，⑺削髮出家，⑻山中苦行，⑼降服諸魔，⑽證菩提覺，⑾廣轉法輪，⑿雙林入滅。

而造成各種痛苦。無知可細分爲普通的無知和顚倒的無知兩種類型。

普通的無知是因爲不知道、不明白而形成顚倒的瞭解、顚倒的無知。對於勝義諦的實相以及本質的示現爲何，大家不知道也不瞭解，因而形成錯誤的認知，進而累積各種的業，之後就墮落到三界六道裡輪迴流轉不已。由此可知，輪迴與痛苦的主因就是無明，因此我們必須對治無明。

那麼我們要依靠什麼去對治無明，斷除無明以及輪迴呢？最主要的就是依靠佛法。而在浩瀚無垠的佛法之中，最重要的是依靠佛母《般若經》中空性的義理，菩提心與勝義諦的本智斷證功德，斷證究竟圓滿的佛智。因此對於這部分的了悟就顯得非常重要，如果我們能證悟，就能將無明斬斷；要證悟就得透過正法的熏習，因此益發地顯現出正法的重要性。

針對普通無知的對治之道，可藉由閱讀及聽聞學習，來減少及消除。但是在無知之中，最嚴重也是最重要的是顚倒的無知。要消除顚倒無知，唯一的依靠就是勝義諦，空性勝慧及實相離戲的了悟；或是「緣起正理」邏輯推理。我們必須了悟實相勝義諦以消滅顚倒的無明，除此之外別無他法，由此可以理解空性是非比尋常的重要。

破除所緣破

我們所要破的是所緣破。所緣破就是諦執及我執。所取及能執的二執蓋障，源自於顛倒的無知，而顛倒無知又源自於我執裡所執取的「我」。「我」本來就是不成立的，亦即本來無我，但眾生卻執著有一個「我」的存在，這就是顛倒無知之主因。如果要將本來無我卻執著有我的錯誤知見來消除，對治之法只有了空慧、般若慧、實相的證悟、及勝義諦本質的證悟，此外別無他法。

般若之母爲空性，爲離戲的證悟，其重要性就是在此，唯有般若空慧才能淨除顛倒無知，這也是爲什麼我們要非常重視般若空慧的原因。

五蘊施設基

五蘊施設基。施設就是虛構之意，要虛構出某一個東西之前必須先有一個基礎，這個基礎稱爲施設基，而依靠施設基虛構出來的東西就稱爲施設法或稱爲施設義。

色、受、想、行、識五蘊就是施設基；而施設法就是「我」。所以緣取時，所緣的是對境——五蘊施設基，而所施設出的施設法就是「我」，之後執取的方式就是我執與無我慧兩種。

我執與無我慧的正相違關係

它一定存在、一定有，這就是我執；若是緣取時知道這個「我」是虛構出來的，不是自性成立的，這就是無我慧。也就是依賴一個施設基施設出一個施設法——「我」，之後再執取這一個「我」。執取的方式有兩種，將它執取為「自性成立」，稱為我執；將它執取為「自性不成立」，則是無我慧。

我執與無我慧兩者有執式正相違的關係，是針鋒相對的。也就是若其中一個成立，另一個就不能也不會同時成立，兩者不會同時併存。如果兩者之間沒有針鋒相對的正相違關係，就不能把對方滅除，只能使對方的力量減弱。例如慈心、悲心與我執之間就沒有正相違的關係存在，所以無法用慈心、悲心將我執滅除。

再詳細地解說如下：如果兩個法之間存在著正相違的關係，那麼在同一個基礎上二者就不可能同時併存，因為它們彼此間水火不容；反之若二者之間沒有正相違的關係，就可以同時存在。一個人具備慈心和悲心的同時，是可以有我執的存在的。但如果一個人具備無我慧時，在他的內心中我執就不會同時存在。

由於我們對萬法的實相基礎不瞭解，而產生一個顚倒的認知，就是把萬法執著爲自性成立，然而就萬法的實相而言，其自性是不成立的。所以就施設基——五蘊本身而言，它的自性也是不能夠成立的，但是人們卻也將它執取爲自性成立，如此一來就形成我執了。

我執又分爲人我執和法我執兩種，由前面的說明中可以得知，起因於誤解所形成的我執，其實是不堅固的；而如果是正確的認識，則可以堅固亙古不壞。如此一來，我們可以確定的是：我執不會亙古恆存，同時也是可以被摧毀的。

運用能立的正因及邏輯推理達到道諦

如何破壞錯誤的認知及我執呢？如果我們能翻轉認知，知道所執取的對象其本質是自性不成立的，能證悟到這一點的話，就能證得無我慧。

有很多方法可以幫助我們了悟施設基五蘊本身的自性不能成立，其中最好的方法就是能立的正因，即邏輯推理。能夠成立正確的原因，針對施設基的五蘊逐一進行邏輯推理與檢視，才能得到證悟無我慧的知見。

透過層層解析，最後自然會得到無我的結果，也就是無我慧的證悟；再繼續串習讓「無我」的證悟力變得更強，則內心無我勝慧的慧力就會不斷地增強；隨著慧力逐漸變強，人我執和法我執也就逐漸地薄弱，最後便能依靠強力的慧力將二執消滅。

基於以上的原理，如果我們想要滅掉錯誤的執取——「我執」的話，首先我們要用能立的正因，也就是邏輯推理的方式，去了悟施設基五蘊的自性是不成立的。透過此了悟在內心慢慢地產生覺受與逐漸地串習，之後了悟的力量與我執的力量會相互消長，經過長久熏習直到我執被了悟的慧力所消滅，而現證空性無我慧。

若是以配合五道❷十地❸的修持理論而言，現證無我慧是屬於見道位的層次。在現證無我慧之際，眾生內心分分秒秒執取的我執本身的續流就會在當下斷離，內心得到現證無我的本智，此時爲五道十地中的見道位，而內心所得到的無我慧就稱爲道諦。

以本分的所應斷達到滅諦

現證無我慧能夠發揮出正對治我執的效果，從而滅除我執或二執。然而滅除我執之後要走的修行之路還很長，此時所要修學的部分就稱爲斷除本分所應斷，就是指需要循序漸進地逐一修學所應斷除的業習或知見，因爲修持非一蹴可及的！

在初地菩薩階段時，行者內心會得到現證無我慧，此屬於道諦，其慧力正是我執的正對治力。隨著菩薩的慧力逐漸增強之際，也會同時斷除不同層次的我執，也就是不同層級的本分所應斷。人我執與法我執都是身處初地層次的菩薩必須修學的本分所應斷，是在初地階段所需斷除的執著；同時由此類推二地、三地直到十地的修持，每個修行層級都有特屬於該層級應斷除的本分所應斷，而且必須如同登梯一般逐階拾級而上漸次地斷除。在初地層級達到斷除人我執與法我執時，就得到離分或斷分。爲什麼稱爲離分呢？因爲眾生本來執取我執，錯誤地認取有一個我的存在，現今透過邏輯推理與長期熏習無我勝慧所養成的強而有力的慧力，將內心的我執正對治地滅除，離棄我執的執取，所以稱爲「離分」或「斷分」，此時就叫做滅諦，這才是眞正的滅諦。

編註：

❷五道為：資糧道、加行道、見道、修道、無學道。

❸十地為：極喜地、離垢地、發光地、焰慧地、難行地、現前地、遠行地、不動地、善慧地、法雲地。

所以從初地菩薩開始，內心現證空性時，就得到一個道諦，這個道諦本身有它的本分所應斷，當應該斷掉的部分也滅掉後會形成離分或斷分，滅諦就出現了。滅諦與道諦就是四聖諦裡其中的兩項，這兩項才是眞正的法寶，滅諦與道諦能夠在內心形成，是非常重要的！

透過空性的觀修，成功地在內心得到證悟，就會得到眞正的法寶——道諦與滅諦。

就一切萬法的實相或是一切萬法基礎的實相而言，其實自性是不能夠成立的空性，但是假設我們因不瞭解而把萬法執著爲自性成立，就形成人我執跟法我執，這屬於顚倒的無知，而這就與實相相違背了，所以是不正確也無法堅固的，同時也是能被破壞的。相反地，若我們在內心能理解萬法的實相是自性不成立的，這樣的認知符合萬法的實相，因此是正確的緣取，所以會達到證悟無我空性的勝慧，因爲證悟到的是空性，並且也因爲是正確的認識，所以無法被摧毀。

如果我們順著萬法自性不能成立的認識，長時間地保持正確的認識和熏習，讓內心產生覺受，也讓此認知與無我慧力更加堅固，漸漸地便會在我們內心產生聞思修三慧，先歷經聞慧與思慧之後，透過修慧而產生慧力、覺受，如此就能夠把見道位的本分所應斷的我執消滅掉，進而產生了相應的離分或斷分。這樣的修持須經過三乘十五個道，三乘各都有資糧道、加行道、見道、修道與無學道五道，故共十五個道。

由上述可確知，無我勝慧是可以增廣與進步的。爲什麼呢？因爲它符合萬法實相與事物的道理。而我執爲什麼是不堅固的，是可以被滅掉的呢？因爲它是違背萬法實相與事物的道理，是錯誤的認識。因此我們可以得到一個結論，符合萬法實相的道理所產生的力量是可以不斷地增長、增廣、增強不能滅的；而錯誤的認識是不堅固的，是可以被消滅的。由此可知，如果我們能夠讓無我勝慧不斷地串習，不斷地加強力道，最後必能達到現證空性的見道位。

十地續流際的菩薩成就金剛喻定

在見道位階段的行者會經歷到法性眞諦在內心現前。而法性眞諦就是空性、就是實相、就是空性實相的道理。因爲此時是行者內心初次見到法性眞諦的實相，所以此階的修持稱爲見道位；修持至此所得到的果位就稱之爲見道位的聖者，已屬見道的聖僧資格。其內心會自然得到現證空性的本智，此屬見道位的本智，如果繼續串習，力道就會愈來愈強，接著會歷經一地、二地到十地，最後達到無學道的修道過程，修道位的第十地菩薩的最後階段又稱十地續流際的菩薩。

十地續流際菩薩的內心所得到的禪定就稱爲金剛喻定，金剛的特性就是無所不摧，所以用金剛做比喻。此時菩薩內心金剛喻定的禪定工夫成熟，一切所應斷全斷除，一切所應滅也全滅除，而一切所應證的功德也全部都證得；當他安住在金剛喻定的禪定之中，連所有最小、最最微細的毛病與蓋障也都斷掉了。因爲所有的毛病與蓋障都斷掉，所以內心證悟的功德就到達究竟與圓滿。

因此金剛喻定成就的下一剎那即成佛——成就佛果。

無我勝慧的般若慧佛母

因此之故，我們可以理解皈依文中的「佛陀正法眾中尊」，所指的是皈依佛、法、僧三寶。但是就實際修持的角度而言，我們首先要得到的應該是法寶，內心經由法的聞思修產生證悟，這是法寶的功用。得到法寶之後，行者才能達到應斷者已斷除、應證的已證得，從而產生斷證功德，進而成爲僧寶，最後成就爲佛寶。由修行的歷程演進可以確定身爲一個禪修士的行者，必須先得到法寶並且依法而漸次修學，從而成爲僧寶最後成就佛寶；因此可知法寶的重要性與必要性。

現證空性及無我慧的本智，對內心修持道諦與滅諦而言，就是珍貴的法寶。而內心現證了空慧就是般若波羅蜜多，就是般若勝慧。行者依此法寶產生斷證的功德成爲僧寶，進而成就佛果。由此可知，一切斷證功德的來源就是無我勝慧，這也是爲什麼無我勝慧又稱爲佛母，與此相關的義理經典又稱爲佛母《般若經》。

因此我們首先要非常重視法寶與般若勝慧，而這也是我們今天要講述的無我勝慧的部分——般若慧，就是佛母！

人我執與法我執

總而言之，身爲佛弟子的我們應當明白，人我執與法我執在佛教的觀點中，是堅定地主張它們與萬法的自性都是不成立的。但是尚未接受佛法熏習或尚未修習佛法的我們，是將這二執執取爲自性能成立的錯誤的顚倒知見。

我們可以用這樣的解釋來理解這二執的不同處：把「我」執著成自性成立，形成人我執；把「我的東西」、「我的事物」執取爲自性能成立形成所謂的法我執。佛教主張我執與我所執是誤解、不正確的認識與顛倒的瞭解，因此又稱它爲顛倒識、顛倒的心識。

但其他的外道不一定是這樣的主張。譬如：有的宗教主張有所謂的創造天神的存在，而這天神本身是常一自主的，並且由這天神創造一切。又或者有的派系主張這個人我本身是常一自主的我，這類的主張很多。

佛教的主張與這些外道迥然不同，佛教主張這二執都是自性不能成立的，這個「我」是依靠施設基五蘊而虛構出來的，既然「我」是依靠著五蘊虛構出來的，可見其自性不能夠成立，本來無我！

而這個虛構的基礎——施設基，它本身也是依靠很多細分的施設基虛構而成的。譬如色蘊，是由因緣與條件所集合的，由此可知其自性也是不成立的，這也就是法無我。當我們更仔細地去區別所執著的施設基色受想行識五蘊，會發現它們全都是依靠著眾多更微細的施設基所建構成的。更深入觀察，我們進而發現不只五蘊如此，甚至十二處與十八界亦是如此，可見萬法皆是自性不成立的。於是我們就了悟到五蘊、十二處與十八界的萬法基礎都是自性不成立的，此時內心的了悟就是無我慧、般若慧或無我勝慧。

因為無我慧之空性、離戲的特質，有人會誤解其本身也是不存在的，把了空慧當成空空洞洞了無功用，猶如空洞的茶杯或空洞的瓶子，甚或像天空般的空洞毫無作用，這是錯誤的認知。

針對這一錯誤的思惟，我們可以如此地來思考：如果它是不存在的、是沒有的，那又怎麼能產生對治二執的力道並且將我執徹底打敗呢？因此我們要對空性的道理有所瞭解。空性本身是萬法顯現的基礎，而萬法是靠因緣條件集合所形成的，所以這也是空性的道理。再者藉由兩者相互間的因果對應關係，可以將了空慧的本身理解為：雖然它是自性不成立的、是空性，但它必定是存在的，因為它是萬法顯現的基礎。同時對空性的認知理解之力會隨著長時期的串習與熏習加深、加廣，理解本身的力道也會逐漸增強增廣，之後就會形成道的理論（道諦），再透過道的理論將各階段的本分所應斷滅掉之後（滅諦），最後的（佛）果自然可以得到。

透過以上細細地分析與思惟，我們可以很清楚明白地確定出結論，那就是雖然佛母般若勝慧、空性、了空慧的本身是空性、也是離戲的，但它也是有的、存在的，因為它有慧力的增長與斷除二執之用，並且透過正確的修持方式可形成道的理論，最後證得果位，也是有果位可得，所以不能說它是不存在的。這些修持的過程與原理，在名言上都是可以安立出的。

針對施設基五蘊而言，佛教的主張是：五蘊之中的心識，其持續之流是無始無終的，沒有一個開始的點，也沒有一個結束的點。心識本身是亙古常存的，心識持續之流也是恆常地、不斷地流動與演變。然而，心續之流也有清淨與不清淨兩種狀況，對於尚未返璞歸眞的芸芸眾生，與甫發心修行的修持者而言，不清淨的心續之流稱爲蓋障，也就是原本清淨的心續之流被煩惱障、所知障與習氣障覆蓋及遮障住的情況。而心續之流既然可以被遮障，也必然可以被淨除，因此有道的理論產生，透過道的理論並歷經各階段精進的修持，淨除各階段的蓋障後，原來的本智就會重現光明顯現出來，達到道的結果而成就佛果。

四部宗義

針對心識之開始與結束的議題，如前曾提到的，有的外道主張有一位創造天神，祂創建這世界的萬象，也創造了這世界的眾生。由此可知本來沒有眾生，被創造前眾生的心識當然也就沒有，是被創造後眾生的心識才出現。根據外道的理論來進行邏輯推理，顯示他們認知的心識有一個開始的時間點，同理可以推論也是有結束點的。

佛教對心識議題的主張是沒有開始也沒有結束。而對此主張又可概分為四個派系，分別是：說分別部、經部宗、唯識宗、中觀宗四部宗義。

說分別部屬於聲聞派，又細分為十八個派系，其中有派系主張心續之流到最後也會中斷；聲聞派系主張聖者可分為預流果、一來果、不來果與阿羅漢果四個果位；同屬聲聞派系中的佛教行者則主張，當行者的修持達阿羅漢果位時，其心識續流就斷掉了。

不過基本上以佛教整體而言，大多數都主張心識本身是沒有開始、也不會有結束的。而且認為心續之流是需要透過很多的因緣條件集合的，比方說有近取因（主因）或者是具有緣（次因）等等的條件，並且心續之流會隨著因緣條件的不同，不斷地變化與推動直到成佛。然而，成佛之後的心識之流仍然是存在的。由此邏輯推理可以得到的結論就是，心識沒有開始、也不會窮盡；是亙古恆存的，但卻是富變化性的，此為佛教界共同的基本主張。

此外，佛教對在心續之流的基本主張裡，認為心識本身有很多的汙垢，我執與煩惱障、所知障及習氣障等等，這些心識的汙垢遮蓋住本有的清淨心識——證悟的本智無我勝慧；如果透過適當的修持將心識垢染之因的我執與蓋障淨化完成並達到究竟清淨時，證悟的本智無我勝慧就會自然顯現出來，並且會繼續不斷地變化與推動，由此可知心續清淨的本智無我勝慧本身也是無始也無終的。

緣起空性之了空慧見地及菩提行持

佛教徒的見地就是緣起與空性，即緣起性空觀；及以不傷害眾生為行持。身為佛教徒，應該要對佛教所主張的見地與行持清楚明白，並將兩者結合，於生活中的起心動念之際付諸實修；也就是身為佛教徒應該將緣起的見地與不傷害眾生的行持兩相結合並付諸實踐。若能如此長期地付諸實修，則內心的無明我執等的蓋障，便會逐漸地消滅。

透過聞思修，無我勝慧的慧力會逐漸地增長，同時也淨化了心識的蓋障與垢染，進而促使顛倒無明的力道漸次地削弱，直到所有我執、煩惱障、所知障、習氣障等等的心識垢染，完全徹底的被淨化之後，便進而得到究竟的果位。這樣的修持歷程與修持結果是確定可以達到的，而這也是身為佛教徒的我們透過修持要達成的目標。

總言之，佛教的見地與行持兩者間的關係，是屬於輾轉互助生發了空慧的正向關係，且兩者是密不可分的。身為佛教徒的我們應解行並進，幫助了空慧產生，除了要有深切的認知外並付諸實修。

雖然我們的見地是屬於緣起的見地，但本質上也是在講業力因果。業力因果的中心思想就是善有善報、惡有惡報，行善得善報、做惡得惡報。原因是好的原因，所得到的果當然就是好的結果；如果原因是不善業、是壞的原因，當然所得到的果就是壞的果報。這就是在談業力因果，就是緣起，就是空性。

所以我們對於業力因果的理論應該給與高度的重視，同時更要把握住見地與行持並進的修持要訣，並且恆常努力地付諸學習與實修，讓修持的定力與慧力發揮出威力。定慧力的威力要能夠將處於輪迴中的眾生們內心中固若磐石的我執徹底瓦解與摧毀，同時也生發出無我空慧的證悟力道，並且繼續勇猛精進地向修持的目的地佛果位邁進，直到成就佛果。

由於了空慧的慧力具備有效破壞我執的強勁力道，而了空慧慧力的生發是緣起於業力因果，因此我們首先必須對於善有善報、惡有惡報的業力因果觀有充分的理解，並且要讓我們的內心產生深信因果的信仰之力，藉由對因果業力的聞思之後明白整個輪迴業的本質中，其實充滿著各式各樣痛苦的業報循環，進而對整個輪迴生起厭倦與厭離的心志，然而在生起厭離輪迴之心的同時，內心也要保持不失利益眾生的慈心與悲心，也就是輪迴厭離心與利眾慈悲心並存不悖。但僅僅如此仍然是不夠的，還要透過猶如大悲之水的菩提心來潤澤與調柔我們堅硬不柔軟的心，若能長期如此，先前在我們內心所播下的地道功德的證悟種籽就會積累得愈來愈多，猶如播種耕作的農夫有成果豐收的契機。

如果依循此修持精要，深信因果業力的緣起觀、謹慎取捨業力因果，當內心對輪迴生起厭離心的同時，也保持著利益眾生的慈悲心，讓大悲的菩提心長期且經常地潤澤內心，如此長養與累積內心的地道功德資糧，則必會猶如五穀豐收一般的成果豐碩。成果豐收的特色之一就是：依循修持精要而付諸實修的禪修士們的內心對空性的證悟會愈來愈強烈，而內心的地道功德也會愈來愈多，同時內心的毛病與過失也會淨化得愈來愈多、愈來愈淡化，以上實修的修持利益假以時日必然會產生。

蓮師曾經開示：「證悟高高如天空，行持細細如麵粉。」其中的意涵就是在叮嚀發心修持的行者們：如果行者的內心證悟了空性的話，心境會猶如天空般地廣闊無比，但是面對因果業力行爲的取捨細膩度，必須要像麵粉一般細緻，要非常注重微細處。因爲一切的行持都是建立在因果業力的基礎之上，也是行持最基礎部分的根據處。

正法有用的行者

行者在聽法或閱讀與空性理論相關的書籍時，在看書或聽法的當下雖然自認爲已經知道了，但當遇到不善的外緣時，仍任由自心的忿怒、瞋恨、嫉妒等等的習氣與毛病流竄生發，這樣的修持者就稱爲教法無用的行者。也就是雖然有學習佛法但實質上並沒有得到法益，因爲正法沒有對他產生實質性的幫助，也叫做正法無用的行者，希望大家能避開這樣的窘境與修行的誤區。爲什麼這樣的修持者也可以叫做行者呢？因爲他也學習很多佛法，知道很多佛法的理論，只是他沒有讓正法對自己產生實質的助益，因此稱爲正法無用的行者。

所以最重要的是我們的內心要重視了空慧，不但要重視它並且還要產生一定要得到了空慧的希求心，生起希求心之後接著對空性了空慧的法理內容努力地下聞思修的工夫，於努力實修的過程之中自然會覺醒到自己有很多錯誤與顛倒的認知，好比說萬法無常而執取爲常，萬法無我而執取爲有我，輪迴的本質是痛苦卻執取爲樂，萬法不淨卻執取爲淨相，會發現原來我們的內心有很多錯誤的執著、認知與蓋障而不自知。

之前我們曾談到般若勝慧及了空慧是一切功德的基礎，所以對了空慧生起希求心之後要發心努力學習。即便現在我們尚未對了空慧生起希求心，也應該在聽聞教法後重視它並努力學習，明確地理解到我們極需仰賴了空慧來幫助我們脫離三界六道的輪迴之苦。能夠長期努力地學習佛法並接受佛法的熏習，我們內心的顛倒與錯誤和執著也會漸漸地受到淨化而減少，對了空慧的證悟也會從無到有逐漸地增加與增強。如果能有這樣的修持狀況就是得到正法的實質法益，這樣的行者就是正法有用的行者了。

我們特別要瞭解一個很重要的觀念，那就是如果我們沒有取得般若勝慧了空慧，百分之百肯定無法脫離三界六道輪迴，也就意味著我們百分之百無法脫離痛苦。因此我們要百分之百地明白與肯定般若勝慧對希望尋求解脫輪迴之苦的我們，是具有著百分之百的重要性與必要性，我們的內心要對般若勝慧生起百分之百的重視和熱切的希求心。

聽聞至此，我們已經明白無我勝慧的基礎就是業力因果；空性是因爲緣起，萬法緣起所以是空性；而最基本的緣起就是善有善報、惡有惡報的業力因果。基於這樣的理解之後努力付諸實修，然後慢慢地進步，我執也就會逐漸斷離。

所以我們對於了空慧般若勝慧所有相關的法理，都要高度地重視和精進地實修，般若勝慧的聞思修三個階段都很重要，缺一不可。

針對只是聽聞教法與宣說教法而不付諸實修的行者們，密勒日巴祖師曾說過：「假如說法者本身沒有實修所宣說的教法，那麼他就是一位妄語者，而他所說的法變成是妄語，也不能稱之爲佛法！」所以不論是說法者或是聽法者，都一定要付諸實修並且要非常努力地實修，前面所闡述的修持教法的利益就會逐漸地產生，行者本身才能得正法的眞實利益，才會變成正法有用的行者。

爲何說法者本身沒有實修所宣說的教法，就是一個妄語者呢？因爲雖然他所宣說與轉述的內容是佛陀的教法，針對此部分而言的確不是妄語；但是轉述教法者如果本身沒有付諸實修，其自身不會產生覺受，也就無法滿足聽聞者內心希望得到加持的希求之願，基於這樣的原因所以說是妄語，因爲宣講者本身缺乏實修後的加持威力。

既然已經知道了空慧的重要性，如果每天努力地修供養、做大禮拜或頂禮、發願、遶塔等等，這樣可以得到了空慧嗎？答案是：不能夠的。因爲獻供、頂禮、發願與遶塔僅能消除業障與培養福德資糧，這些修持的內容是無法產生正對治人我執和法我執的慧力力道的，行者本身沒有依循法理並將之付諸實修的話，無法在內心對空性生起眞實的證悟與慧力的力量。

再者，若是修持者本身不具備了空慧的見地，雖然窮盡一生戮力於上述的修持，也是無法成佛的。原因也是因爲沒有做符合了空慧教法正確的解行並進的修持，自然也無法在內心生起眞實空性證悟之境。

但是，如果是一個內心已經證悟無我的了空慧、證悟空性的行者，也做與上述相同的修持，不但可以得到積資淨障之功，且對了空慧的慧力與悟力的提昇加強有很大的幫助，最終必能成就佛果。

前面提到一位講述佛陀教法的行者，如果本身並沒有將所宣說的教法付諸實修，是無法滿足聽法者內心期望得到的加持威力，然而實修的定義與標準又是如何的呢？

其實在佛法裡都會談到修持每個不同的教法所會產生的實質法益是什麼，但是因講法者本身沒有實修所以不具備實修的功德力道，因此就算能將修法的利益講得精采絕倫，他自身仍然還是沒得到殊勝的法益，所以就會變成妄語了。同樣的道理，聽法者如果能夠經常地在內心細細思惟所聽到的教法內容，那麼聞思修之後他內心的覺受會產生正在修持的那個法的威力，而法本身的威力也就會發揮出來，行者的內心就會眞正得到如理如法修持教法後的利益。所謂的實修是這個意思，所以奉勸諸位發心學習的法友和行者們，要好好地努力實修教法與重視教法的實修。

萬法自性不成立的離戲空性與我愛執

由於空性的證悟與否，與我們是否能夠成就佛果有著非常密切的因果關聯性，因此我們有必要針對了空慧、空性這個部分的定義與教法再多做些說明。

首先我們要先瞭解空性的意義就是離戲。眾生執取萬法爲自性成立，這樣錯誤的知見就叫作戲論，離開戲論指的就是萬法的自性不能夠成立。而認取萬法自性不成立皆爲因緣所顯現則是符合萬法的實相風貌，因此是正確的知見，因爲自性不成立符合空性的本質，所以稱之爲空性。

或者我們反思什麼叫做自性成立呢？自性成立沒有心要精華、沒有堅固不變這個部分。在我們內心裡面總是執著有一個「我」是恆常存在的，除此之外也執取這個「我」是很乾淨的、是好的，眾生內心對這樣的「我」很珍惜，這種想法就叫做我愛執。

而無論如何都會認取有一個我存在，這叫自性成立的執著，這就是我執。因爲眾生對自己有著堅固不疑的我執，並且很珍惜所執取的我，所以這個我對眾生自己來說就顯得異常地重要。關於這個「我」：眾生執著「我」不可以生病、「我」不可以受到痛苦、「我」要得到所有的快樂、不論是任何的人事物「我」都要得到最好的待遇或最好的品質等等，眾生的內心都存在著這種想法，而這想法就是我愛執。這個我執和我愛執，從無始輪迴以來就一直都堅強地存在於芸芸眾生的心識與認取之中，這個我愛執對眾生而言也可以說是亙古恆存的錯誤顛倒的知見，而眾生對這樣的知見的堅固性有如花崗岩般地牢不可破。

那麼當我們透過聽聞教法之後明白自己的執取是錯誤顛倒的，那又要如何才能把亙古的錯誤執取和我愛執徹底地破壞與瓦解掉呢？

既然眾生是在認取萬法的當下執取錯誤的見地，當然也只有靠符合萬法實相的了空慧慧度——般若勝慧來正對治與修正爲正確的見地，並且要在內心努力地接受了空慧法理的熏習，更要不間斷地加強原本內心匱乏的了空慧的慧力，逐漸累積與培養出強勁有力的了空慧慧力的威力，用此威力來做我執的正對治力。

前面曾經很肯定地分析了空慧和我執是執式正相違的關係，大家也清楚明白能眞正對付人我執和法我執的眞實對治力量的產生，唯有證悟了空慧才能具備此一威力。也就是說眾生沒有取得證悟了空慧並培養出慧力的力道，那麼也就永無脫離輪迴之苦的可能性。

不得忍，不能免惡道

大乘裡面說道：「不得忍，不能免惡道！」

從大乘的地道理論來講，如果沒有證到忍位，就沒有辦法離開惡道。因爲大乘理論中的加行道是煖、頂、忍、世第一法。

忍位在大乘的行持裡是屬加行道中的第三位。何爲忍位？由煖位得到了空勝觀，證悟逐漸進步到忍位時，內心對空性法義不會受到擾亂而達到堅固，故稱爲忍心正朝向見道，故不墮惡趣。如此一來我們可以很清楚地理解當行者尚未達到忍位的心地工夫境界時，內心的貪、瞋、癡等等的習氣毛病必然尚未淨除，而眾所周知的貪習墮入餓鬼道、瞋習淪墮地獄道、癡習則墮畜牲道，如是因必感如是果，善因得善果、惡因得惡果是必然的眞理。

世間八風與我執分別心

前面解釋過如果行者的內心沒有具備了空慧實修的力道，仍然有著堅固且錯誤的我執和我愛執的狀態下，雖然也做了很多的善業例如廣大的薈供、行很多的善行，但因爲內心摻雜了有我執和我愛執之故，表面上是善業，卻並非是純正的善業。爲什麼呢？因爲仍會有因我執而受世間八風❹影響所產生的雜染業習的狀況發生，因此算是善惡交雜的世間善，既然仍有二執與八風業習的雜染，當然這些培福德的善行之業，也就沒有辦法幫助行者脫離輪迴。

簡單地說，世間人所做的一切利、衰、毀、譽、稱、譏、苦、樂的行爲，對行者內心所產生的影響很大，如同強風吹皺平靜的心湖之水般，嚴重干擾心性的穩定度和延遲證悟空性的契機。比方說：世間人給了我想要的，我就很高興；得不到我想要的，我就很不高興；稱讚我或者講我的好聽話，我就很高興；講我的壞話或是罵我、甚至於貶損我，我就不高興。這些都是世間八風。

常常聽到大家口頭上說要斷我執，因此我們不能說此人的行爲是壞的，也不能說那個人是好人，然後也不能太行俠仗義。舉例來說：當看到某個人做粗劣的事情，然後就出面制止他的行爲或說法，此當下自己就已經陷入分別了，分別他是好的或是不好的；可是如果坐視不管又覺得自己置身度外，好像也太自私了。

這時要好好修持空性，因空性證悟的時候爲空悲雙運，悲心自然產生，上述狀況就不會發生。

以我們目前所面臨到的情況而言，其實我們本身有一個很大的錯誤存在而不自知，就是老是看到別人的錯誤，而事實上，這是自己的錯誤。看到別人錯誤時，其實主要錯誤不是對方，而應該是自己內心的錯誤，是自己內心沒有好好調伏。

所以就一個純正的行者來講，因爲他的內心很穩定，因此不會有這樣的行爲。如果自己看到別人這個做得好，那個做得壞，如果這方面想很多，那就表示自己內心的心識還不是非常穩定。這通常會呈現出一個現象：當自己嘴巴上在講別人這個做得好、那個做不

編註：

❹「八風」是指我們在生活上所遇到的稱（稱道）、譏（譏誹）、毀（毀謗）、譽（讚譽）、利（利益）、衰（衰滅）、苦（逼迫）、樂（歡悅）等八種境界，能影響我們的情緒，所以稱為「風」。

好，因為心地壞時自己的態度也不會很好。因為講到他人做壞事時自己也會激動，表現出來的態度就會不好，行為也不會好。通常有這種情況發生，就表示自己內心有一個我執，並且有一個很堅持的己見，也未了悟空性，因此才會認為他人做的事不正確。沒有瞭解空性的內心是很不穩定、不堅固，所以當外在有一點點小改變就會導致內心產生很大的變化發生。

所以如果我們能夠好好地了悟空性，內心就會平穩堅固，那麼外在的對境有一點點的改變時，自己也不會起很大的變化。以上所談論是以本身是行者、修行者的角度來看。

如果從一般世俗的行為來看，也許我們認為他做了很多不正確的事，然後我們去斥責他、告訴他或者指出他的錯誤，雖我們的動機是希望利益他、幫助他不要再犯錯，但是這樣做對他會不會產生利益幫助呢？不會！如果沒有謹慎小心地去做的話，其實這些方法是沒有任何用處的，對他不會產生功效的。

假設這個人做了許多的壞事，而我們的內心有一個想幫助他和利益他不要繼續做壞事的想法，然後我們去講或者斥責他，那他會有什麼樣的反應呢？第一，他不會承認自己做壞事；其次，如果他知道自己做的是壞事，他也一定不會讓別人知道，因為他知道自己做壞事是不對的，他會想辦法不讓別人知道，而且他也習慣這樣做，他也會努力這樣做。所以就會不承認、裝做不知道，或者是不讓別人知道，然後一樣繼續做壞事。

當我們選擇去講出他做的壞事並且斥責他，他會不會就不再做壞事呢？也不會！他可能壞事做得更多，不但沒有產生改正的效果，甚至反而讓他產生反感，也給自己帶來很多的困難。原本一開始的出發點是希望利益他、幫助他，但結果和自己所預期的不一樣，情況往往變得更糟糕，更加嚴重。

現在是五濁惡世的時代，即使有些上師或善知識有神通和神變的威力，也都是經常保持沉默的。身爲凡夫的我們其實跟他人只有一點點的差別，如果我們認爲他這個人不好也做了很多壞事，對他的情況其實是無能爲力，束手無策。譬如說：一個人掉到河裡快被水沖走了，要把他救上來要嗎？當然要！如果落水的人很會游泳，也許可以直接在岸邊用繩子把他拉上來；如果營救者自己不會游泳，也沒有能力把落水者拉上來，說不定一不小心自己也掉到河裡。

所以我們看到這個人在做壞事，可能他不是很好的人，但問題是自己跟他一樣也是個凡夫，雖然有些差別但差別也不是很大，因爲都是凡夫，這個時候凡夫要對凡夫產生幫助大概沒有什麼希望。

所以如果我們要想利益他人的話，比較可能和適當的方式就是：對他觀修悲心並且將善根迴向給他，然後自己好好修安忍，內心要常常有一個利益他的悲心及想法，我們大概只能這樣做，除此之外不論是去斥責他或指出他的錯誤，想要用這些方式去糾正他，除了給自己帶來更大的困難之外，對於當事者是不會產生什麼正面幫助的。

由此可知，如果我們一定要把好跟壞區分清楚的話，自己的內心必須已經達到堅固、不會受到傷害的能力。但事實上，現在的我們並沒有這種能力。在沒有這種能力之下，如果硬是要堅持好壞壁壘分明，往往自己會遭受到傷害。譬如說：我們認爲對方做錯了，當我們選擇去糾正他或斥責他的時候，當下自己內心就已是擾亂不安了，接著可能馬上就發脾氣；雖然對方也許做錯了，但是自己發脾氣也錯了。原本自己內心的想法是要利益他、幫助他、要行善業，但是講的同時自己的內心也擾亂不安了，然後自己也發火了、發脾氣了，那自己不是也錯了嗎？這樣的方式不僅對於對方沒有產生幫助，對自己而言，不但沒有幫助他人而且傷到自己，因爲自己也發脾氣了。

所以，要把好壞區分清楚的前題是，自己一定要先有堅固的能力，能夠保護自己的內心不會受到干擾傷害的能力。

在這個時代，要弘揚教法或者要利益眾生都是非常困難的。譬如以維持佛學中心來講也是非常困難的，雖然一開始的動機是一個善良的動機、一個利他的想法。我們的內心也懷抱著在中心裡可以累積廣大的福報，以這樣的想法去做事情，但是如果沒有小心謹慎地去做，往往可能做錯事情，然後可能自己也發脾氣了，自己也不喜歡有這些事情發生，不是也受到傷害嗎？因此，首先自己的內心要像披上盔甲般，不會受到刀劍的傷害，先有一個堅固的力量，譬如證悟空性，那就不會受到任何傷害。我們到中心來修法、行善、護持，這是一定要做的事情，但是如前面所談到這些情況也可能會發生，所以一定要小心謹慎地去做。

爲什麼這些不得不做呢？因爲我們都懷抱著希望能夠成就佛果、脫離輪迴、離苦得樂這個強烈的希求心，所以到中心來努力行善業、修法、做實修。如果沒有想要脫離輪迴、也沒有想要離苦得樂、更沒有成就佛果的希求心，那就不用來中心、也不必行善業了。現在我們都有這個強烈的希求心，希望離苦得樂、希望得到解脫、希望成就佛果；既然我們有這些強烈希求心，那就必須來中心共修、造善業，但是做的時候就要小心謹慎地去做，好好地累積善根，好好地做功德迴向。如果能夠小心謹慎地去修法、行善、累積善根迴向給我們所認爲的犯錯者或做壞事的人，相較於選擇去斥責他、怒罵他的效果會好更多。

不論在何時何地持戒、修法或行善業一定是有利益的，尤其在五濁惡世的時代裡做這些行持的利益是更加地廣大。

釋迦牟尼佛曾經開示過：在佛住世的時代裡，一輩子修持所累積的善根，不會比在五濁惡世裡一天或者是一個月的修持所累積的善根福德更廣大。

譬如在釋迦牟尼佛住世的時代裡，有個比丘一輩子守護戒律，這善根是非常廣大的；但是到了五濁惡世的現代，一個比丘一天所累積的善根都比前面這位比丘一輩子所累積的善根還要大！爲甚麼呢？因爲時代不一樣。

五濁惡世的時代，就是煩惱粗重、辛苦與困難多、困境的傷害也很多的時代，一個行者能在這樣處境之中守護戒律與行持善業，所產生的利益和福報以及修持的威力會顯得更加強大。我們如果能瞭解這個道理，那麼即便是五濁惡世，我們也會珍惜能在這樣的時代裡有修持的機緣。

尤其是一個行者，更加不可隨隨便便地做，即便是再辛苦、困難或困境很多、煩惱很嚴重、傷害也很多的五濁惡世的時代裡，我們要因爲瞭解現在行善業所產生的威力和力量是特別強大的，並不是像水乾掉了、燈滅掉了什麼都沒有。而是現在行善業、修法的善業的力量和福德的力量遠比以前更加強大，所以我們要更加努力地去做。

即使上師有神通、有威力、有能力，但是他知道五濁惡世的人們煩惱粗重而不會聽勸，所以罵也沒用，除非用棍子打他，然而用棍子打他也很危險，因爲他也會用棍子回打你。在五濁惡世弘揚佛教或是利益眾生都是非常困難的，因爲五濁惡世的眾生煩惱重。

法稱菩薩弘揚佛法與利益眾生的故事

古印度時代有一個大博士法稱，是南瞻部洲二聖六莊嚴之一，其邏輯推理非常厲害，我們現在所讀的邏輯推理的書就是法稱所寫❺。他遇到一位很厲害的外道大博士士登那

編註：

❺南瞻部洲為佛教傳說中四大部洲之一。「二勝」是指古印度精通佛教最勝根本，即戒律學的兩大論師釋迦光菩薩和功德光菩薩。「六莊嚴」是指古印度六位大佛學家：精通中觀學的龍樹和聖天，精通對法學的無著和世親，精通因明學的陳那和法稱。

波，外道大博士的神通和神變都很厲害，但因爲法稱的學問非常好，所以他每次跟法稱辯論都失敗，辯論失敗後他就自殺並發願再來。他想要學得更加博學以便把法稱打敗，這樣的情形大約重覆有六次之多，最後一次他再跟法稱辯論，結果還是辯輸。

土登那波非常地生氣，於是就唸誦咒語將自己變成噴火龍，口中噴出烈火。法稱菩薩爲了保護自己就四處竄逃，然而火還是把法稱的法衣燒掉了。

法稱菩薩非常灰心失望，心想：弘揚佛教這麼困難？利益眾生這麼困難？恐怕我要把菩提心丟掉了。因爲我根本沒有辦法利益眾生，也沒辦法弘揚佛教，像現在雖然用辯論將外道打敗，外道卻用神通來傷害我，而我連自己都保護不了。

法稱菩薩便隨手拿了一顆小石頭並且心裡想著：當我把小石頭往上丟，等石頭掉下來時，我將把菩提心丟掉，反正我也沒辦法以菩提心來利益眾生、弘揚佛教。於是他將小石頭往天空上丟，並且唸了一段迴向文，大意是：當這顆小石頭掉下來的時候，我就捨棄我的菩提心，不再利益眾生。

可是，等了很久那顆石頭始終沒有掉下來，他覺得很奇怪，抬頭一看，天空出現了文殊菩薩抓住丟上去的石頭。

文殊菩薩說：「心意要堅強！因爲佛陀授記你爲南瞻部洲二聖六莊嚴，預言將會廣大弘揚佛教，所以不可將佛陀的授記和菩提心捨棄，必須繼續努力！」

當下法稱依止文殊菩薩爲本尊，之後寫書廣揚佛法，也因此法稱成爲非常有名的人物，當時拿著石頭的文殊菩薩也變得非常有名。

以法稱這麼有威力的大博士在弘揚佛法和利益眾生時，都還遇到這麼大的困難，那凡夫俗子的我們更不用提了，我們的心力還要更努力百倍、千倍才行。

現在我們護持中心、行善業、修法，跟法稱菩薩利益眾生的事業比較起來，大概連九牛一毛都不到，是非常微小的。所以我們要鼓勵自己更加努力，心力要更加堅強。經常閱讀古代往聖先賢們的傳記與事蹟，讓自己的內心因他們殊勝的行誼而鼓舞我們變得更堅強、勇氣也增強，好好努力，這是非常重要的。

如果行者尚有我執存在，其內心喜、怒、哀、樂的認取均圍繞著我執團團轉，心靈便沒有平靜的一天。所以如果沒有了空慧的實證慧力，雖然外表行爲上是在行善業、做薈供等等，但內心仍會受世間八風的影響力，最後必定也會淪墮在輪迴裡不得出離。但是如果行者能精進到得證忍位的心地工夫，其淪墮三惡道之因已淨除，三惡道自然沒有他的份，所以才會有「不得忍，不能免惡道」的結論。

了悟空性的功德利益

要將《般若經》裡的般若勝慧空性的義理，用文字語言做說明是很困難的。因為，根據前面曾經闡述過要證悟了空慧的義理，只能在聖者清淨的內心顯現出來，聖者才能夠親證現證勝義諦的本質、親證空性。勝義諦的空性，必須是已入聖位的聖者，進入甚深空性的禪定時，才能夠真正的體證、實悟、親見的。不是凡夫俗子充滿著雜染業習的內心和錯雜的心識所能夠瞭解和體會的所行對境。雖說如此，為了幫助大家瞭解和修持了空慧的義理，我們仍然勉為其難地試著根據字面上的詞句，針對詞句的文字義與內容做一個概略性解釋與說明。了空慧、空性的眞實風貌，肯定是無法透過文字語言傳遞給各位的！

前面主要是跟大家介紹修持了空慧的必要性和修持佛法的理論，接下來要跟諸位介紹關於空性本身的殊勝利益與作用。

金剛乘教法裡提供了相當多的除障法，供行者們在面對修持的障礙與困擾時可以運用，比方說「四百食子」或「心經除魔法儀軌」等等，但是對於已親證空性並且安住在空性中的行者而言，他所需要做的事僅僅只是讓自己安住在空性之中，那怕僅只一秒鐘，空性一秒鐘的除障威力無比強大，可以摧毀淨除任何艱巨的障礙，這是實修實證空性的行者，才能得到的殊勝法益。

由此可知，如果行者本身能夠證悟空性並安住在空性之中，那怕僅僅是一秒鐘，都能迅速累積無量多劫的福德資糧，也能夠發揮出強勁有力的慧力力道淨除非常大的障礙。而就空性本身而言，除了除障外用途廣大，並且也能累積非常多的善根與福德。

格魯派很重視般若教法，《心經》就是屬於般若教法。在格魯派的寺廟裡學習教法，就一般佛學院的學僧而言，光是學習般若教法，就要用長達七、八年的時間來學習。由此可知般若教法份量之多、內容之豐富，與智慧之深廣，以及學習之困難。

但相對地，般若教法的實用性和法的威力也是相當地殊勝。對格魯派的修持者們而言，不論是面對人的生與死、或者積資淨障，甚或驅逐強力的外力障礙，法事部分大多是以唸誦《般若經》為正對治之法。

為什麼大多選擇唸誦《般若經》呢？因為《般若經》的內容主軸就是講述般若空性的義理，所以如果唸誦者本身已是一位證悟空性並且能安住在其中一秒鐘的話，隨著一邊唸誦《般若經》一邊觀修般若空性，這樣的福報會非常地廣大，同時其消除障礙的力量也會很強大，效果亦是十分地殊勝。

因此格魯派的行者們所學習和累積的實修體驗裡，不論遇到什麼樣的事情或者遇到再多的問題，就是唸《般若經》。所以格魯派的法事儀軌非常少，經常都以修《般若經》為主，不同於其他教派有非常豐富的法事儀軌供修持者運用、對治種種無法預估與層出不窮的各形各類的困難、障礙以及滿足需求。

希望大家能明白空性的殊勝與重要性，並掌握住空性觀修的要點為自性不成立。也希望大家要發長遠心為自己的解脫經常地禪修與觀修空性，讓自己對空性的教法和修持，從陌生到熟練到親證，再進到穩定地安住在空性的證悟之中。

佛陀曾經開示邁向證悟解脫的法道有三乘五道，三乘五道包含十五個道次第，三乘：聲聞乘、獨覺乘（屬小乘）和菩薩乘（屬大乘）。此三乘皆各有所屬的修行五道，所以共有十五種道，然而不論是選擇哪一乘修持，都一定要學習般若波羅蜜多。般若波羅蜜多原本是梵文，白話義譯就是「慧度」，音譯就是「般若波羅蜜多」。由此可知佛陀教授解脫法道時非常重視了空慧慧度，學習空性的法理與實修空性和證悟空性對尋求解脫的行者們來說，實在是非常地重要。因此舉凡有心尋求證悟空性和得到解脫輪迴的修持者，都一定要高度重視慧度、了空慧與佛母《般若經》。

進入正文之前行

皈依及發心

諸佛正法以及聖僧眾，直至證悟菩提我皈依；以我所作布施等福德；為利眾生發願證成佛。

首先談到的是皈依發心。佛教徒的皈依的對象是佛法僧三寶。且一旦皈依了就一直到證悟菩提永皈依。

何謂菩提呢？就是前面我們曾說明的：「從無始以來被諸多我執、煩惱障、習氣障的心識之流遮障的本智，在透過教法的漸次修持淨化之後顯曜出來的光明本智；出現之後繼續串習、不斷地增強本智的慧力，直到一切微細的蓋障、習氣、毛病全部斷掉，並且呈現完全究竟清淨的心識狀態，此稱之爲菩提。」

現在的我們之所以要發心皈依三寶，爲的就是希望在透過皈依與學習修持教法後，有一天也能達成證悟菩提的解脫境界，所以直到證悟菩提前我們都要恆常皈依三寶。

皈依偈的後面兩句爲發菩提心文：

以我所作布施等福德；為利眾生發願證成佛。

大意是說，以我今天透過聽聞《心經》和學習般若教法所累積的善根爲因，祈願迴向證得將來能利益眾生的菩提佛果之善根果。

《心經》經名之涵義

接著介紹經書的名字，中文經名《般若波羅蜜多心經》，梵音爲《巴嘎瓦第　扎加巴喇謎大　啥達雅》，藏音爲《炯滇爹瑪　謝喇季　帕羅督沁北　寧波》。

從佛陀時代至今我們仍舊維持梵語經名：

巴嘎瓦第　扎加巴喇謎大　哈達雅

在佛陀住世時期，光是印度語的種類就高達三百六十種，其中最主要只有四種，而這四種裡最主要的就是梵語，也就我們現在所唸的梵語音，佛經也是以梵語結集而成的。

巴嘎瓦：中音譯爲薄伽梵，藏音爲炯滇爹瑪，其意譯爲世尊。因爲佛擁有六種美好功德所以能壞四魔，因此又稱佛爲「出有壞」。中文的用語習慣認爲「出有壞」不容易理解，所以就直譯成世尊，意思就是佛。

出有壞的「出」，是指超出三有輪迴與涅槃。因爲眾生都是在三有輪迴裡，聲聞、獨覺、阿羅漢則是在寂靜涅槃裡，而佛既不在三有輪迴裡也不在寂靜涅槃裡，是超出有寂二邊者，即三有輪迴的這邊跟寂靜涅槃的那邊，佛都超出。

「有」是指佛具有美好的六種功德。佛的功德無量無邊，總歸納爲自在美滿、心地美滿、本智美滿、精進美滿、消業美滿和美名美滿六種。

「壞」是壞四魔，因爲佛把煩惱魔、五蘊魔、天子魔、死亡魔這四魔全部打敗，超勝出四魔。

巴嘎瓦第的「第」是女性的意思，白話就是佛母。

扎加巴喇謎大：「扎加」是勝慧；「巴喇謎大」是到彼岸。所以般若波羅蜜多是「勝慧到彼岸」。

啥達雅：是心要精華的意思。《般若波羅蜜多心經》的「心」，就是「《般若經》裡的心要精華」。

《般若波羅蜜多心經》藏文直接意譯爲：

薄伽梵母般若波羅蜜心經

薄伽梵母：白話就是佛母。

般若：是勝慧，在此特指了空慧，所證悟的空性叫具勝萬象的空性，即具有殊勝萬象的空性、證悟實相的空性、證悟自性不成立的空性。般若原本是指統包聞思修三慧廣義的勝慧，此處指的是了空慧。

波羅蜜多：勝慧到彼岸，慧度的意思。到彼岸就是超出三界輪迴大苦海的此岸，到達淨智雙運的果位彼岸的意思。

心：是心要精華的意思，指的是《般若經》的心要精華。《般若經》有廣品十二卷共十萬頌，中品三卷共二萬頌，略品一卷八千頌，將這麼宏偉的《般若經》中的所有精華濃縮成我們現在學習的《心經》，所以是心要精華的意思。

經：表示是由佛陀所親口宣說，親口所作的開示，稱爲「佛語的示意」。

佛語有三種：親口宣說語、加持宣說語、允許宣說語。佛親口開示的稱爲親口宣說語；佛沒有親口講述，但加持別人講述的爲加持宣說語；別人講述之後，請問佛陀是不是這個意思，而佛陀答說對的，就稱做允許宣說語。

我們現在所學的《心經》是屬於加持宣說語，因爲佛陀沒有親口講述，是佛陀入定加持舍利子和大悲觀音，透過他們兩位的對話，將《般若經》的精華濃縮成心要以便利益後進學人，所以這可以當成是佛的開示，是加持宣說語。

中文、梵語原文和藏文必要性

對身為中文語系的我們有中文的經名就可以了，為什麼要大費周章地列出中、藏、梵三種語言體的經名呢？

第一，是加持進入內心的必要性：在印度不論是佛陀或大博士乃至是成就者，他們都是用梵語來教導弟子，幫助弟子透過聽聞和學習慢慢得到證悟。所以如果講述者本身已經是證悟者，那麼他就會用梵語去教導弟子，藉由已證悟的佛陀選用的梵語所具有的特別加持力，進入弟子心中，幫助弟子努力實修和得到證悟。現在我們也唸誦以前的大博士和大成就者所講過的梵語，是希望殊勝的加持力也能進入我們的內心，自己也能得到成就。

第二，是累積梵語習氣的必要性：賢劫有一千零二尊佛，釋迦牟尼佛是第四尊佛，到釋迦牟尼佛為止的諸佛成就佛果的時候，都是選用梵語轉動法輪，用梵語講經開示的。因此我們也唸誦梵文的經名，讓內心累積一些梵語的習氣，以便將來成就佛果時，也能用梵語來講經開示和轉動法輪，這是為了圓滿第一個加持進入內心的必要性，與第二個累積梵語習氣的必要性。

第三，是憶念譯師恩惠的必要性：釋迦牟尼佛講經與開示時大多是選用梵語，很多大博士和大成就者在註解典籍與開示時也是選用梵文，為了能夠廣推佛陀的教法以及降低不懂梵語的西藏人和華人學習佛法的困難度，必須透過精通藏梵、漢藏或漢梵的譯師，將純正的梵語佛典逐一地翻譯成藏文和中文，讓藏人與華人能夠比較容易地學習深邃幽微奧妙的佛法。所以我們要對所有的翻譯師心存感念。

譯經偈

皈依發願文和經名之後是譯經偈：

頂禮薄伽梵母般若波羅蜜多。

翻譯師所寫的恭敬頌文稱為譯經偈，是譯師內心的祈願：希望透過虔敬頂禮般若波羅蜜多佛母，而得到佛母的加持力進入譯師的內心，讓譯師在譯經的過程能夠沒有障礙、順利完成，並且能夠廣大利益眾生。

《心經》
禪修精要指導之二

佛陀針對弟子們本身的能力所開示的「道」的進步的方式，有聲聞、獨覺、大乘三種修道的路程。我們現在所要學習的是大乘的道路，整個大乘修道的路程裡最主要講述的內容就是菩提心，行者們的發心應以菩提心爲動機。而菩提心簡略而言就是利他心，我們要努力的就是如何讓行者「未生菩提心者令其生，已生菩提心者令不衰損並增廣」。

般若勝慧爲菩提心

大乘修道路程最殊勝的就是菩提心；之後再加上密咒乘門道路所開示的法身普賢如來的見地，將法身普賢如來做爲見地的本質；再加上佛母般若的內容，建構成行者們修持的基礎。就佛母般若勝慧而言，前面所提及的菩提心、法身普賢如來見地、般若勝慧三個名詞，都是同義異詞，意思都相同。

寂天大菩薩曾針對菩薩的行持做陳述並開示般若勝慧的重要性。比方說菩薩的六度行持裡如果沒有第六個般若勝慧做基礎，則前面五個項目的行持都不能稱爲度，也不能稱之爲般若波羅蜜多。例如布施便僅僅只是布施，安忍也僅僅只是安忍等，無法依靠布施或安忍等獨立的修持得到解脫，更不會得到佛果。但如果有般若勝慧做基礎，則布施加上般若則產生布施度，安忍加般若則爲安忍度。

有般若才有解脫和證悟佛果的機會，可知般若勝慧的重要性非比尋常。寂天大菩薩還曾開示過：「一切此諸支分者，能者係爲勝慧說！」大意是說：能者釋迦牟尼佛所開示的一切支分，都是爲了般若勝慧而開示的。由此更可確定般若勝慧是佛陀開示的主要內容。

所以我們應先學習般若勝慧，瞭解般若勝慧之後，接著學習禪修。在觀修禪修之中內心產生證悟，由證悟之中，將本分所應斷的部分斷除，把我執耽著的執著都斷除。如果不能將這些斷除，就無法解脫，也無法證得佛果。由此我們可以再次地理解到般若勝慧對整個修持的重要性了。

之前已講解過佛母般若的本質和佛母般若慧度，雖然用來陳述或表述佛母般若的名詞有很多，但是所談的內容和意思都是佛母般若，我們有時會將它稱之爲覺性本智或基如來藏。基如來藏的出處爲彌勒怙主在《寶性論》裡提出來表述佛母般若的，即稱之爲基如來藏，「基」表基礎，表一切眾生原本已具，因此也稱爲「種姓種子」，或者以解釋的角度稱之爲「成佛的因素」。

就眾生的角度而言，只要依教奉行如理如法地修持，將來都會成佛，因爲成佛必須有成佛的因素存在，這成佛的因素可以稱之爲「種姓種子」，甚或稱之爲基如來藏，又或稱爲覺性本智。

基道果的慧度

我們現在所談的基如來藏指的就是佛母、大般若、般若勝慧。要如何證悟佛母般若勝慧基如來藏呢？其方法就是「基道果」的理論，即基慧度、道路慧度、果慧度。

以意義層面來解釋這三個部分就是：

基：基的慧度，基礎的慧度。這些理論都必須靠上師善知識的教導，之後在見地上證悟，然後自己付諸實修觀修，並且觀修的力道要達到圓滿，才能契入覺性本智基如來藏之中。當行者能有足夠的慧力契入基如來藏時，法界遠離戲論的法性本然面貌或稱爲覺性本貌就會自然徹底地顯現，此非經由外面或因緣條件而得到的新的產物，是原本就已存在的，這就是彌勒大菩薩在《寶性論》中所開示的，即我們內心原本就有的本性風貌。

所以當我們內心本貌徹底顯現的時候，心靈領會就如同啞巴吃甘蔗般只能意會無法言傳。如果我們用語言問：是否已品嘗到甜的滋味呢？有的，因爲已吃到甘蔗了。接著問：那甜的滋味像什麼呢？因爲被問者是啞巴所以無法用語言表達。

然而覺性的本智，法界勝義諦的部分，是聖者才能了悟的對境，不是以心王和心所的心識活動爲主的凡夫們所能認識和了知的對境。當聖者觀修禪修的力道已經圓滿時，基如來藏覺性本智會徹底現前、種姓醒覺，此時聖者所證悟的有境的內心也稱爲慧度、勝慧。此時的對境是法界、離戲論的法性；證悟的內心就稱之爲慧度，也就是般若波羅蜜多。

由此可知慧度有很多種分法：有自性慧度，指的是不會改變的法性；道慧度，修持道路上證悟的內心；一切智慧度，這時已得到佛果，此時的慧度已經完全現前了。

佛語開示的三種型式

《心經》是釋迦牟尼佛的加持宣說語，加持舍利子與大悲觀音宣講出來的法。佛用什麼樣的能力去加持，加持的是誰？加持後他們做了些什麼事情？他們以問答方式談了哪些佛法的內容？釋迦牟尼佛講經的模式都是如此嗎？針對如上之疑問，我們先概述一下關於佛法的模式：佛法也稱之爲正法，有佛語和論典兩種。

佛法和世間法是不盡相同的。世間法是關於世間的學問與學術，世間人可以瞭解的內容，然而並非是我們所談論的正法。正法本身具有一股能夠維持內心安定的力量，而僅僅只有佛語和論典才能歸屬此類。

佛語的部分則分三種，前面曾略述：

親口宣說語：佛親口所說的教法。

加持宣說語：佛運用禪定的力量加持某位弟子講述，形式上雖是弟子講述，但究其原因是佛透過禪定力量讓弟子宣說的，所以也等同佛說，《心經》就屬這類經典。

允許宣說語：佛允許宣說的教言。當佛陀說：「對！對！對！你說得很對！」此即佛陀肯定弟子所講的是正確無誤的。因爲有些弟子在聽完佛陀的開示後，會闡述佛陀所講的法的內容，或複誦一遍佛陀開示的內容。因弟子所歸納的均是佛說的內容，也得到佛的認同，所以仍屬佛所講，稱爲允許宣說語。

所詮三學與能詮三藏典籍

佛陀所開示的教言內容不外乎戒學、定學、慧學三學，稱爲所詮三學，集結成佛經中的所詮三學教法。之後歷代南瞻部洲二勝六莊嚴的博士弟子及祖師們，針對佛經所詮三學教法寫了很多註解，不論是經藏、律藏，這些文字集結成爲論典，因此論典可以說是博士所寫的。

西藏的大藏經有佛說部甘珠爾和論典部丹珠爾兩種。佛親口宣說的教言、加持宣說的教言和允許宣說的教言稱爲佛說部，翻譯成藏文的大約有一百多部；而論典部約有二至三百多部。

著述佛學論典應具有三種標準

不是任何人註解佛的經典都可以稱爲論典，必須是經過嚴謹的驗證考核後被認定的，才可稱爲論典。主要被認定的是印度南瞻部洲的二勝六莊嚴所著述的註解和解釋，這幾位大博士對佛法內明的道理非常地博學精通，而且著寫論典有一定的規矩，必須運用量論做抉擇，量論就是邏輯推理。抉擇之後，再正確無誤地闡述佛經裡的思想。爲什麼這些大博士能夠正確無誤地闡述佛陀的思想呢？因爲寫論典的資格標準有三：證悟法性眞諦、親自拜見示現本尊、精通大小五明，著述者本身至少要具備其中一項。

不僅如此，在古代寫論典時，也會有國家公認的大博士做論文的考察。考察時會注重是否有依邏輯推理的理論規矩來書寫，以及是否正確無誤地闡述佛經。如果在國家所認定的大博士檢核之下，發覺該書所寫的是著作者本身的思想，並非佛的思想，就不能被歸類到論典裡。而作者不但會被斬斷手指，書還會被燒掉，並且將灰燼綁在狗尾巴上環遶市場，因爲它是錯誤的。如果這本錯誤的書籍仍究被出版，不知情而閱讀的人則會墮入地獄受苦，因爲所論述的思想是錯誤的，是凡夫俗子的思想並非佛的思想。

由此可以窺見古印度時代對佛經論典品質管制之嚴格。這種措施稱爲法源純淨，佛法的來源非常地純淨。因爲法源純淨，流傳出來的思想是正確無誤，其所闡述的內容確實是佛的思想，因此能保障後代學人所學習到的是正確的佛經與論典，方能避免如同行人掉入萬劫不復的危崖般，因學習到錯誤的典籍而走上錯誤的修行之路。

在透過閱讀和學習完全正確無誤的佛經論典之後，便可正確地瞭解佛陀的思想，「道」也會隨著修持而日進有功，終而得到解脫證得佛果。這樣能夠幫助後代學人得到正確的佛陀思想進而解脫證得佛果的典籍，就是純正的論典。

佛經與論典

佛法主要的內容就是佛經和論典，又可分爲甚深道次第和廣大道次第兩大類。

在甚深道次第中將佛陀思想闡述得最好的，是中觀教派的龍樹菩薩所寫的《中觀》，是甚深教法、甚深空性的內容。《中觀》共有五本書，廣大闡述甚深道次第中觀的教法，並成爲後世學佛的標準版論典。此論典後來龍樹菩薩傳給他的弟子提婆弘揚。

而將廣大道次第的思想闡述得最好的，是彌勒怙主所講的《彌勒五論》，此論並經由他的弟子無著菩薩再加以註解後廣弘教法。

量論（現量與比量）

不論是寫甚深道次第或廣大道次第，都要用量論做論述。量，推理也；量論即邏輯推理的理論。

然而量論對世人而言不並容易瞭解。因此堪稱爲量論的祖師陳那開示了《集量論》，法稱法師針對《集量論》又寫了《七部量論》，成爲專門解釋和陳述邏輯推理理論的兩部偉大著作。這兩部論典堪稱佛法的精要之處，也堪爲流傳久遠成爲後代萬世學人學習的論典。

雖然古代的外道也有很多的大博士，而這些人裡面也有不少人具備神變能力和神通能力，但不論何人都無法透過辯論針對法理勝過佛教徒，原因何在？因爲佛法甚深廣大，同時又有邏輯推理做理論的基礎與根據，而外道徒裡具神通與神變力的大博士們的學問偏向世俗間的學問，所以根本無法在法理辯論上勝出佛教徒，即便辯論輸時再用神變能力比賽，也仍是輸給佛教徒，由此可知佛法的深奧與廣大。

佛法的見地、觀修、行持、成就的修道次第，都是運用邏輯推理逐一檢測與建立起的，可以說是大眾修行的標準，而擁有這個標準的人又稱爲量士夫。佛可以做爲世人學習的標準，所以稱佛爲量士夫，因此有成千上萬的外道徒轉變爲佛教徒，依照佛說的標準修持。

在佛陀住世的時代，佛法精華匯粹的集中地不外乎是那爛陀寺。在那爛陀寺廣弘甚深道次第和廣大道次第膾炙人口的故事很多，陳那和法稱也是在那爛陀寺著述《集量論》與《七部量論》的，只是在久遠之後才翻譯成藏文，藏人才有完整學習佛法思想的機會。不論是甚深道次第或廣大道次第乃至邏輯推理的理論等等，都有一套完整且正確的論述和記載，是藏傳佛教的後世學人安心學習的教法資糧。

佛經裡也曾提到：不明白量論——現量與比量，是無法成就佛果的！

因爲沒有經過嚴謹的邏輯推理，又怎能確定所學習的教法和修持次第的正確性？又怎能透過正確無誤的修學次第達到解脫成就佛果呢？所以說，不知道量論無以成佛。而量論又可分爲現量和比量，兩者的差別在於證悟的對境不同，是兩個不同的瞭解方式。但總言之，就是讓慧度般若慧、了空慧在內心產生，再透過邏輯推理的方式讓內心經過禪修之後產生「道」的覺受。「道」的覺受產生之後再增長、增廣，最後達到證悟佛果。無論如何量論的學習對修持佛法和證悟成佛，有著舉足輕重的重要性，不論是甚深道次第或廣大道次第跟量論都是非常重要的。

達賴喇嘛在各地開示時都曾提到過他的灰心難過與失望。因爲不論是在西藏或不丹學習佛法的佛教徒，並沒有用心學習佛法的理論，放棄握在手中的甚深經典和法理不重視、不學習也不懂得運用，只選擇輕鬆地唸誦「班札古魯」或六字大明咒就以佛教徒自居，認爲唸誦「班札古魯」就是佛法。

而臺灣很多的佛教徒以爲，所謂學習佛法就是每天唸阿彌陀佛。但這就是佛法了嗎？佛法中一切博大精深的精要內容都沒有學習到，只做很簡單又容易的事情，唸佛、唸嘛尼咒或唸班札古魯。達賴喇嘛說這是非常可惜又令人沮喪的現象。

如果能好好學習這些甚深廣大、博大精深的內容，也會有提昇自己內心聰明程度的機會，切身的覺受經驗一定會產生，而這些都是修學佛法很重要且精髓的部分。其實不只是達賴喇嘛所談到的藏人在學佛上有此問題，在不丹也有相同的問題，雖然不丹有很多的佛教徒，但是願意花心思努力學習佛法的人其實很少。大多數的佛弟子仍是以行善業、唸嘛尼咒或班札古魯就自認爲是學習佛法了。即便是行善業修法的時候，主要的目的仍是在求取現世與後世的順遂和去除逆緣阻礙，而不是將修習佛法的目標放在求取永久究竟圓滿的果位，這可以說根本是捨棄了學習甚深廣大佛法精要的殊勝機會。如果大家都選擇輕鬆容易的修行方式，那麼那些乏人問津的深奧廣大的佛法法理，將會因此而逐漸地沒落與衰損，甚至最後會滅亡。

《心經》正文義：緣起

通常佛經的內容概分爲三個大段落：名稱義、正文義、結行義。經名和譯經名都屬名稱義的範疇；正文義又分爲前言、正文與歸納三項，前言爲略說此經的緣起，正文是廣大解釋加持的語言，歸納則是廣大解釋之後做歸納總結。

前面已經介紹《心經》的經名和翻譯師的譯經偈，接著講解前言，此經緣起的意義：

如是我聞一時，薄伽梵住王舍城鷲峰山中，與大苾蒭眾及諸菩薩摩訶薩俱。爾時，世尊入甚深明了三摩地法之異門。

如是我聞：這句是佛經的集結者大迦葉所寫。集結者負責將關於佛經的講解與開示集結起來，所以稱爲集結者。「如是我聞」以下的內容，都是我在某一個特別的機緣時間裡親耳聽到的。其義有三，表示是大迦葉直接從導師講授開示的現場聽到的教法，是親自聽到，從佛處親聞，非聽他人轉述的。

我：指的就是大迦葉。

一時：時間美滿。有三個意涵：對所聽到的法有深入瞭解；對聽到的法的其他相關的法也有深入的了悟；稀有難得的殊勝善緣之意。

薄伽梵：導師美滿。賢劫的第四佛，釋迦牟尼佛。

王舍城：印度在家眾集會處，王宮。

鷲峰山：在王舍城的東邊，屬出家眾集會之處。表示處所美滿。

與大苾芻眾及諸菩薩摩訶薩俱：眷屬美滿。大苾芻眾指的是聲聞種姓出家的聲聞僧眾，諸菩薩摩訶薩指的則是大乘種姓的弟子。原本聲聞種姓的弟子是不曾學習過、也不會去實修甚深空性的法義，甚至於對甚深空性的法義感到很害怕而不願聽聞。佛經裡曾記載聲聞種姓的弟子在聽到甚深空性法義開示的時候不僅不願意聽聞，而且法音與法義也無法進入到他們的耳朵裡，甚或更有人口吐鮮血昏倒的例子。但爲什麼在這裡又會成爲眷屬呢？此處仍將聲聞眾列入眷屬美滿的用意是，不論是聲聞種姓、獨覺種姓或是大乘種姓都應該要學習般若波羅蜜多。釋迦牟尼佛曾開示過：學習聲聞道者，應當依賴於佛母般若波羅蜜多；學習獨覺道者，也應當依賴於佛母；學習菩薩道者，也應當依賴於佛母。如果不依賴佛母般若波羅蜜多，是無法得到解脫的。所以在此處列入是示意不論是聲聞、獨覺或菩薩種姓的在家與出家弟子們，都應該要好好學習佛母般若波羅蜜多。

爾時，世尊入甚深明了三摩地法之異門：此爲教法美滿。是什麼樣的教法美滿呢？是將廣中略三品《般若經》的心要精華濃縮爲《心經》的內容。《般若經》的主要內容是法界離戲空性，然而法界離戲空性的法實在很深奧，不論何人要達到了悟法界離戲空性的證悟境界都是很困難的，因為它的對境實在是非常的微細，唯有具備了無我勝慧、般若勝慧才能助行者了悟法界之離戲空性，這也是我們接下來會談到的內容。

甚深的空性離戲論的法界是對境，了悟者的內心是勝慧，是覺性本智。有境本身是覺性本智，對境本身是法界空性，覺性本智證悟法界空性的時候，赤裸裸地證悟，直接現前。所以法界空性除了覺性本智，無我勝慧之外，別無他法可以證悟。以我們凡夫的內心而言，內心是屬於心王和心所的活動，是伴隨著二執的內心活動，這種運作類型的內心是無法了悟和證悟法界空性的。當內心呈現出無我慧的狀態時，就可以藉由這無我勝慧來了悟和證悟法界空性。

甚深：指的就是法界空性，是非常的深奧、離戲論的法界空性。

明了：對非常深奧遠離戲論的法界空性有一個明白瞭解的內心，就是覺性本智，無我勝慧。

甚深明了：指的就是界覺雙運或界智雙運。法界跟本智雙運結合在一起。甚深是對境本身，明了是有境本身，有境已經證悟對境，如前所說，此明了一定不是凡夫的二執內心。明了者必須是覺性本智或者無我勝慧才能夠赤裸裸地證悟。在明了的無我勝慧的內心本智狀態中，甚深的法界空性已經徹底現前了。

世尊入甚深明了三摩地法之異門：在明了的無我勝慧的內心本智狀態中，甚深的法界空性已經徹底現前了。覺性本智和甚深法界兩者雙運結合在一起，也就是釋尊進入界智雙運的禪定中，加持舍利子和大悲觀音，讓二位藉由問答和討論的方式，將界智雙運的內容、甚深法界的空性和明了的本智介紹給大家。所謂正法美滿指的就是界智雙運。

法之異門：法界跟本智雙運結合在一起的法有很多的名稱，也有很多的內容要講，也是萬法異門。萬法皆異，法的內容類型很多、很複雜不是三言兩語能講完，因爲有很多不同的名字和不同的意義，所以稱爲法之異門。此處翻譯就是廣大教法的意思，需要廣大地去瞭解的意思。

佛經中曾提及，佛果是一個廣大的果，它不是由一個因所形成的一個果，而是有著很多的原因，因此要得到佛果要有甚深而廣大的道路，所以佛法裡包含甚深法和廣大法這兩項。甚深的法即空性的法，廣大的法就是道次第。

不僅如此，連世俗五明的學問也都要學習的。五明指的是醫方明、工巧明、聲明、因明、內明，就是醫生、工匠、文字學等都要學習。因爲成佛是俱一切智，即便是世間法有一個不懂就是無知，所以世間、出世間一切法都要學習、都要會，才堪稱爲俱一切智者。佛經中曾舉例，工匠如何做出鐵器呢？我們並不懂，因爲那需要很多的技術知識。然而如果我們有所不會，那就是無知了，也就是我們沒有一切智，那麼這個無知對我們而言，就是證悟佛果的一個障礙。

我們知道工匠就是用鐵鎚敲敲打打地做出很多的東西，所以我們可以把鐵鎚拿起來發一個願望，希望以後關於工匠的事情自己也能學會。然而發願的目的並非是爲了將來發大財成大富翁，而是要將一切的無知給消滅掉，這樣才能成就一切智。這也就是爲何說法之異門，因爲不管法的類型有多少，我們對一切法都要好好地去瞭解，才能俱一切智。

《心經》正文義：正文

接下來要介紹的就是正文義中的正文，開始廣大解釋具足前面五美滿而流傳出來的教法。正文義中的正文又分爲三項：能加持之等持、所加持的對象、加持後的問與答這三個部分。

佛陀：摩尼常在定

佛進入甚深明了的禪定之中給予弟子加持的能量。在此有必要針對這部分做一下解說，其實對佛本身而言沒有出入定的差別，只是為了示現講述《心經》內容的緣起現象，才示現進入空性的禪定中，加持舍利子和大悲觀音示現出講述《心經》內容的形象，如此才能將《心經》廣為流傳出來。所以在經文的文字上才有佛陀進入禪定的陳述字句。

世尊進入三摩地是「能加持的禪定」，甚深是指「法界空性」，明了是指「了空慧證悟的本智」，而法界空性與了空慧本智這二者是無二差別，完全雙運結合在一起。佛陀進入三摩地禪定加持舍利子和大悲觀音之後，傳出《心經》。能加持的禪定是指甚深明了三摩地，而所加持的對象是大悲觀音及舍利子。

有人問，被佛陀教化攝持前的觀音是還沒有證悟嗎？

佛陀本身是摩尼常在定，沒有出入定的差別，之所以要特別述說佛進入禪定裡，其用意就是在表法，表示將會有教法流傳出來，會有弟子得到其教法的法益之意，此稱之為所化機。這是為了表示：針對特別的弟子們行教化之功德，是將要傳出教法的預告動作。

而大悲觀音示現爲被佛陀加持而證悟空性的用意，也是相同的預告動作。其實大悲觀音早已證悟空性，但是先前的證悟空性和現下佛陀所將要利益的弟子們毫無關聯性，對闡述空性眞理的《心經》的流傳也毫無幫助。因此大悲觀音之所以示現爲被佛陀加持而證悟空性，和佛陀爲了闡述《心經》空性的眞理而示現進入禪定加持大悲觀音證悟空性，都是爲了要將《心經》空性眞理傳出，利益因緣成熟的弟子們所做的預告動作。而對證悟空性而言，證悟一分的空性和證悟滿分的空性都是證悟空性。因此可知要從一分證悟空性進步到滿分證悟空性，是需要經過漫長的修持時程的。

大悲觀音之所以示現爲被佛陀加持而進入甚深空性的證悟境中，是考慮到佛陀所要調伏的對象，稱爲所調伏眾。爲了用此教法利益所要教化與調伏的弟子們，及考慮到這些弟子們的狀況，因此佛陀示現入定加持觀音，同時觀音也示現被佛陀加持而證悟空性的現象，此可說是屬流傳教法的必要性程序。

復於爾時，觀自在菩薩摩訶薩行深般若波羅蜜多時，觀察照見五蘊體性，悉皆是空。

復於爾時：佛陀入定的那個時候、佛的加持的威力，大悲觀音對於般若波羅蜜多的行持很深入地去觀察照見。行深般若波羅蜜多時是指前面的甚深明了，對境是法界離戲論的空性，有境則是了空慧本身，行深般若波羅蜜多。

時：有境直接證悟對境。

行深般若波羅蜜多：就是前面所說的甚深明了。

深：對境是法界離戲論的空性。

般若：是了空慧本身。

行：如理如實的了知，是有境，如理如實證悟對境。在這個時候就觀察照見五蘊都是自性成立爲空。

空性的意義前面已解釋很多，這裡談到的就是加持大悲觀音進入對法界空性的了空慧，如理如實地證悟法界空性，並安住在證悟五蘊都是自性成立爲空的狀態當中。

佛教的空與外道的空

佛教所談的空和外道所談的空是截然不同的。

外道所談的空是落入斷邊的空空洞洞，什麼都沒有；或是有我、是自性成立的空。佛教所談的空是無我、是萬法自性不成立的空、是遠離有邊、無邊、二有、二無這四個戲論的空性，這就是五蘊體性悉皆是空的意思。就五蘊本身而言，它既不是有、也不是無、更不是二有、或二無，是遠離四戲論邊，佛教將此情形稱之為「空」。這也是我們這裡所談的空，遠離四戲論邊。然而為什麼不是有、不是無、也不是二有、或二無？這就要依賴中觀派系的義理，針對這四個戲論做詳細而廣大的抉擇和證明，讓大家明白空性確實是遠離四個戲論。

中觀派針對空性遠離戲論所寫的義理非常的豐富，這些內容我們應該要學習，不過如果真的去學習肯定會暈頭轉向，因為很豐富也很複雜。既然如此，可見空性肯定不是如外道所言，如一間空房子般地空空洞洞。不過我們確實應該好好地學習這些內容，特別是應該要透過禪修得到個人的體驗和覺受，這樣才能親自體驗空性的意思。在《心經》裡空性所用的名稱是「五蘊體性悉皆是空」，這裡空的意思是指有一個對境、對象，將我們內心所執取為有的這個對象給空了、沒有了。

舉例來說，大家都看到桌上實際上有一個空的瓶子，這是有。但為什麼說它的體性悉皆是空呢？因爲就瓶子本身而言，當中有很多特別法，這些特別法都是剎那生滅、無常變化的。在剎那生滅的法上是不存在永恆不變的法，這就稱之爲自性成立爲空，又稱之爲遠離戲論。

施設五蘊

如果我們把瓶子當做特別基、特別法，或是施設基、施設法，特別基就是主體本身，特別法就是瓶子的性質，例如磁土或陶土所做、圓形或黃色等等，這些都是瓶子的一部分，這些屬性也都必須建立在一個基礎上，而這個基礎就叫做特別基。但是我們根本無法找到建立在特別基上的特別法，具備永遠存在且不變不壞的特性。由此推理可以得知，就特別基瓶子的本身的一切元素，無論是顏色、形狀、材料等等，也是剎那不斷地在改變的，所以稱爲自性爲空。

再進一步談論施設基和施設法的差別。瓶子本身有一個施設基，然後才被施設成瓶子，但其實你無法找到及定義一個叫做瓶子的本身，所以這也叫做自性不能成立。怎說呢？因爲當你說這個瓶子漂亮，你指的是瓶子的顏色漂亮或是形狀漂亮呢？如果是指形狀漂亮，那就是你把形狀當施設基，用施設基施設出一個東西叫做瓶子。所以說瓶子很漂亮，其實指的不是瓶子，而是指瓶子的形狀很漂亮。同理若是從瓶子的每個部分逐一去找，不論是顏色、形狀、把手、瓶蓋、瓶底等等，均找不到所謂的瓶子。所以瓶子從何而來？瓶子是施設形成的、是施設出來的。而那些顏色、形狀、把手、瓶蓋、瓶底等等就是施設基，透過這些施設基施設出一個法，施設出「瓶子」，而瓶子存不存在呢？它有沒有可能永保如此呢？答案是不可能！

所以現在我們靠自己的色、受、想、行、識等五蘊，和眼、耳、鼻、舌、身、意等感受，以五蘊當施設基施設出張三李四，並將張三李四執爲實有一定存在，這就叫自性成立的執著。之後我們去找張三李四卻找不到，所找到的要不就是他的身體，要不然就是他的色受想行識五蘊。所以透過一個施設基施設出一個施設法，然而卻找不到這個施設法，此即自性不成立，這才是佛教所談的空性的意義。

我們應該針對這部分好好地做聞思修。在自性不能成立、假名安立的情況之下，因果緣起的理論，業力因果、惡有惡報、善有善報和業力現象也是會存在的，並非是自性不成立的空性就沒有業力因果了。雖然是由施設基施設出一個施設法，然而這施設法上有它自己的性質，如果造了業，一樣是善有善報、惡有惡報。所以對境是自性成立爲空的空性，我們應該要深入地去瞭解才能明白我們原本執取爲實有的瓶子，其實是不存在的。這就是佛教所主張的離戲論的空性，這和外道主張的空空洞洞的斷滅空迥然不同。

如果只有四蘊、三蘊、二蘊呢？也是可以用一個蘊去施設它。比方說此人去吃了幾頓大餐，然後下個月說自己胖了。此人有沒有變胖？沒有！是身體變胖，不是此人變胖。這個時候就是把色蘊當施設基，透過色蘊施設成我，然後說我胖了。其實指的是身體變胖，不是我變胖。

再舉一個用色蘊當施設基的例子。比方說人到了七、八十歲老的時候內心裡會很擔心、很驚慌和很害怕。爲什麼呢？因爲身體是我，身體老時會生病或很不方便，當身體生病了、覺得痛苦的時候，內心就會感到很害怕，那就是把身體當做我，就是靠色蘊施設出一個我。今天考試成績不好所以我心情不好，這是用受蘊做爲施設基施設出一個我，所以可以不必同時靠五蘊才能施設出一個我，只靠一個蘊也是可以的。

觀察照見，五蘊體性悉皆是空

就前面所談到的萬法自性不能夠成立這部分而言，《心經》裡的大悲觀音因爲得到佛陀入禪定的加持後，就證悟了萬法自性不能夠成立的空性，這就是經文裡的「行深般若波羅蜜多時，觀察照見五蘊體性悉皆是空」。

佛爲什麼要加持大悲觀音讓祂如理如實地證悟萬法自性不成立呢？是爲了讓大悲觀音有能力負責回答舍利子後來的提問，因此佛在一開始先做一個事先的準備——觀察照見五蘊體性悉皆是空。

以五蘊做爲施設基施設出一個自性、施設出一個我，而這個我和自性實際上是不存在的。五蘊體性悉皆是空，指的是靠五蘊做爲施設基而施設出我們所執取的對象。比方說我胖了，其實是靠色蘊施設出一個我。今天考試考不好心情很難過，這是靠受蘊施設出一個我。這些例子顯示出我們都是用五蘊做施設基的，再從施設基施設出一個張三李四，但所施設出的這個施設法——張三李四，是無法單獨存在的，這就是人無我。

如果我們針對被用來當做施設基的色受想行識五蘊逐一檢測的話，會發現其實也找不到獨立存在的法，這就是法無我。由此可知我與我所有，如：我的房子、我的車子、或者我等等，都是依靠五蘊做為施設基所施設出來的施設法，將色受想行識集合而成的體，當成有自己的這個我存在。這個我又同時具有刹那不間斷地生滅的心識，將這兩者結合起來稱爲一個我，稱爲補特伽羅（生命）。

究其實相，補特伽羅自性並不成立，此即人無我；它本身所依賴的五蘊施設基也自性不成立，即爲法無我。

以上就是大悲觀音透過佛陀的加持，其內心所證悟到的「人無我」與「法無我」爲遠離戲論的空性。

在法上內心有一個認定的方式，這就是執取。內心將法執取成眞的存在，就稱爲我執或諦執，如果將萬法執取爲有，就是一個錯誤的心識運作方式，這個錯誤的內心認取有一個我存在，所以會面臨到一些困境，比方說自己想追求的都求不到，或遇到的都是很糟糕的困境。求不得苦和所遇不如意之苦，以及苦苦等等都產生了。

如果我們仔細地分析人的一生，其實所追求的只是衣食名，都是一些跟色軀有關係的事物，終其一生爲了養活這個色軀花費相當多的精力，可以說是個相當無意義的人生。

再舉一個例子，比方說有個人做了個夢，在夢中爲了滿足自己想住高級花園洋房豪宅，花了相當多的心力和歲月努力地工作賺錢，最後也買到了自己想要的豪宅，但夢卻醒了。夢醒之後，花園洋房、高級豪宅全都不存在了，都是夢幻泡影。

現在的我們會將白天所看到一切都執取爲眞的，但是看待夜晚的夢境是假的，然而對於已證初地以上的聖者或已成就的佛，在祂們的眼中，我們凡夫俗子終日汲汲營營就如同夢境般不眞實。一個人在夢境中的所思所想，等他醒來時就會發現其實是錯誤的，因爲那只是個夢境。同理，我們在日常生活中內心也充斥著很多錯誤的想法，在聖者眼中，我們就如同在做一場夢而不自知。把原本的無我錯執成有我，有強烈的自性成立的我執的執著。用夢境的比喻來對照在輪迴中生活的我們，就可以明白我們將五蘊做爲施設基，而執取成有一個我的存在，然後爲了這個不眞實的我，花費一生的精力追逐讓自己覺得快樂的衣、食、名等等，這樣的人生如同夢境般地虛幻。因爲內心一開始就錯誤地執取有一個我的存在（人我）；之後又不斷地錯誤執取有萬法的存在（法我）。終其一生在錯誤的執取中，耗費掉寶貴的人身和求取解脫的機緣。

一個罹患膽病的人會將原本白色的海螺錯看成黃色，等到膽病治好之後再看，又變回白色的了。然而，海螺的顏色始終如一都是白色。由此可以理解本質從未改變，之所以會變是因爲看的人自己改變了。眼識正確了，看到的海螺顏色也正確了；眼識錯誤了，看到的海螺顏色也就錯誤了。

眾生的內心一開始就錯誤地執取有一個我的存在，因此被貪、瞋、癡煩惱障所障礙，也會被所知障執取爲眞的有我而障礙住。清明的心被煩惱障和所知障遮障住時，所看到的情景其實就是一個夢境，把無常執著爲常。例如在凡夫的眼中，今年和去年所看到的桌椅都是一樣的，但其實已經不一樣了。把無常執取爲常、把無我執取爲有我、把痛苦執著爲快樂、把不淨執著爲淨，這些都是心識錯誤顛倒的認知和運作。雖然這些錯誤的景象如夢境般不眞實，但身處其中的凡夫仍會感到害怕痛苦，並且想要追求所謂的快樂以及名和利；然後在努力追求又求不到的時候，感到痛苦和害怕，如此周而復始輪轉不停。然而，其實這些一開始就不存在的，就如同罹膽病的患者，將原本的白海螺錯看成黃海螺一般，自始至終都是錯誤的認取。

那麼這樣的情況要到什麼時候才會改變呢？直到我們親證界覺雙運的法性眞諦、離戲論的空性時，內心的錯誤執取就會自然地消融了。如同治好膽病的患者再次看到原本就是白色的海螺，當我們內心親證法性眞諦後，就不會再有把無常看成常、把無我看成有我的這種錯誤執取了。

此時，輪迴業力的所顯也就消失了。比方說：夕陽西下時，我們將路邊纏繞在樹上的彩色繩子錯看成蛇，經過一番掙扎鼓起勇氣查探或經由別人告知眞相後，發覺根本只是一條毫無威脅的彩色繩子。當下自心錯看之蛇早已消失無蹤，害怕和恐懼也自然地消融了。然而對境並沒有改變，是看的人的執取心識改變了。

因此針對佛教所談的解脫而言，並不是要將自己從這邊搬到那邊才是解脫，而是當內心親證法性眞諦之時，錯誤認知和假相消融的同時，就達到解脫了。

接下來要講的是屬於《心經》正文中的正文的第二項，第二位被加持的對象：舍利子：

時具壽舍利子承佛威力，白聖者觀自在菩薩摩訶薩曰：

接下來，舍利子所提問的是關於甚深空性禪定的修行問題。這時，對法的講述的疑問就產生了，因爲佛陀在教授聲聞、獨覺乘根器的弟子們禪修教法時，並沒有對他們講述關於空性、六度與般若波羅蜜多等相關的內容，那麼為何此時舍利子有能力、也知道要問這些關於大乘的教法呢？

因為佛陀為了能夠順利地將空性的教法流傳出來，特別加持從沒學習過大乘教法的舍利子有能力、也知道要問這些大乘的教法。藉大悲觀音和舍利子談論修持教法的因緣，自然地流傳出空性的相關教法義理。

透過佛陀加持舍利子向大悲觀音提問：甚深的法界的空性，和所證悟的無我慧、般若慧的內容為何？

一般而言，想要瞭解和體會接下來所將談的勝義諦、了悟的本智，是需要經過漫長而堅毅努力的學習與修持過程之後，才有能力瞭解甚深的空性義理。為什麼瞭解甚深的空性義理會很困難呢？

佛陀曾經對弟子們開示過四法印的教法：有為法都是無常、有漏都是痛苦、萬法空而無我、涅槃是眞正的寂靜。

然而在聽聞四法印的法義之後，想要能在內心生起眞正的了悟，其實是困難的。因為講歸講、聽歸聽，詞句字面上的理解還可以，但是內心要達到對四法印的義理產生證悟，那又是截然不同的境界。要對四法印義理生起了悟都很困難了，更何況是要理解證悟甚深的空性教法。詞句上的理解不難達到，但是達到內心的了悟卻完全是兩件事。

粗分無常與細分無常

我們再多做一些解釋。比方說有爲法都是無常，無常可分爲粗分無常和細分無常。世人對粗分無常較能體會到，因爲粗分無常大多指的是車子、房子外型的改變，或身體受傷生病敗壞的無常、又或天氣的改變、乃至於突發性的天災人禍或墜機等等的無常現象。當世人看到外型外在形體的改變，就會稱爲無常。

事實上，每剎那都處在生生滅滅的變化之中，這種細分無常世人就不容易看懂或知道。凡夫般的我們如果連無常都無法瞭解的話，那關於離戲論的空性、無我、法性實相等等深奧的義理，就更不可能理解了。

大部份的人只看得到樹木枯了、石頭裂壞了的無常，但是對自己切身相關的色軀分分秒秒、剎那剎那地在生滅卻毫無知覺，甚至對自己僅剩兩個月的壽命期都還不知不覺。對自己緊貼死亡的處境毫無覺知，可憐至極。其實死亡的因素環遶在我們生活的四周，比方說天氣驟變年老體衰的人禁不起劇烈變化就死亡了；汽車相撞、飛機墜落致死等等。而且有很多的死亡並不是亡者本身的錯誤所造成的，而是別人發生錯誤所導致的亡故。

當我們在生活中面對這些亡故事件的發生時，內心是否曾經反問自己，自己的無常何時會降臨呢？這種無常的危機感眞正在內心生起了嗎？

我們不僅對細分的無常沒有了悟，其實連粗分的無常也完全沒有了悟，更不用說想要瞭解法性了。從字面上的意義說明無常或自性不能夠成立是很容易的，但是要在意義上發自內心深處產生覺受並領納到覺受，是很難做到的。先不談自性不成立這部分，即便只是無常這個議題，想要在自己的內心覺受上透過抉擇、分析之後，產生一個很深刻的覺受，也是很困難的。我們對於無常與自性不成立的瞭解，其實僅僅是詞句上膚淺皮毛的瞭解，並沒有讓眞正的法義在內心深處經過思惟抉擇之後，產生一個眞正的定解性的瞭解。

爲什麼只有在詞句上面膚淺皮毛的瞭解，對我們來說並不受用呢？因爲當我們遇到生氣的對象時，內心還是會生氣；遇到不如意的時候，還是會痛苦大哭；遇到對方幸福美滿時，不歡喜的嫉妒心還是會產生；遇到貧困弱小者應該慷慨布施時，因爲慳吝心的關係仍是捨不得布施。由此可見，自己的內心並沒有因爲字詞上面膚淺的瞭解而得到法益。外表上的瞭解沒有導致內心的改善，這種瞭解是毫無用處。我們學習佛法的主要目的就是要讓自己內心發生改變，因此應該要依賴於內心對所學習到的教法的瞭解而改變，而不是僅僅詞句上的瞭解。

雖然我們目前已聽聞到的空性的內容，但不能因爲耳朵聽到了，就以爲自己已經瞭解了，僅只能說我們知道空性並非只是如外道所說的空空洞洞的而已。施設基上的施設法找不到，就是空性！

如果不是發自內心經過邏輯推理分析之後，生起深刻的瞭解覺受，並產生一個定解性的瞭解，那麼內心的迷惑就無法被改正過來，教法就無法發揮出功效。

教法如果無法對行者發揮功效，也就無法對覺性有證悟。本智的證悟有如人飲水般冷暖自知。我們學習教法一定要避開這種窘境，要再三地聽聞教法，並且也要再三地針對所學習的教法進行邏輯推理與分析，然後時常認眞地針對在施設基的五蘊上所施設出來的我並不存在，而且自性不成立的教法進行聽聞、禪修與思惟，也要經常地觀修自性不能成立的意義，空分和顯分以及雙運結合的法理。

倘若不去做這部分的觀修，則內心對無常的證悟無法產生，那進一步無我的證悟也就不會產生，那麼對於證悟無我勝慧只會更加困難和毫無希望。

至此，我們應該能明白一個重點，佛法內容眞的不是只是每天唸唸嘛尼咒或班札古魯而已，每天唸咒主要只是幫助我們消除逆緣阻礙和投生到天人善道，以及消除蓋障、增長福報。但是若想僅僅只是依賴唸咒就得到解脫和證得佛果，是沒有太大的希望。如果我們想要累積廣大的福德資糧、消除罪障、解脫輪迴、證悟佛果，需要有無常和空性的證悟。

實修菩提心與無我勝慧

佛經裡曾經提到：如果我們能在證悟了空慧和空性的攝持之下去修持和證悟無常，在證悟的一剎那便會累積多劫的福德資糧及消除多劫的蓋障。因爲正確的禪修所產生的力量是很大的。然而這種殊勝的法益並非僅僅對無常空性詞句上膚淺的瞭解，和做淺表的修持。我們若不能掌握禪修的關鍵，則不論是禪修一分鐘、兩分鐘，甚至長達一、兩個小時，都無法因爲透過修持教法所發揮出殊勝的力量，而得到無量的積資淨障與解脫證果這些殊勝的利益。

雖然透過實修然後在內心產生覺受是很困難的事，但仍然要很努力地去禪修。

利益歸他，虧損歸我

嘎當派的聖者曾在經典裡談到：用「利益歸於他，虧損歸於我」這句口訣修持了三年後，勝義諦的菩提心便能在內心眞正生起並證悟空性。

由此例可知，僅僅只是一段頌文都需要花這麼長的時間進行禪修，然而在經過努力禪修讓內心對這詞句產生覺受之後，內心會發生很大的改變，那麼這段頌文的威力就能發揮出來。就教法的實修而言，「菩提心和無我慧」是相結合在一起的。

證悟空性與生發菩提心

沒有證悟空性是不可能產生眞正的菩提心的。

龍欽巴尊者曾經開示過：凡是心王和心所的活動仍存在的時候，就不可能產生大圓滿的見地和觀修，也不可能產生眞正的菩提心。因爲內心仍是凡夫心的狀態，僅僅是在無常和空性詞句面的瞭解，內心仍是在心王和心所的活動狀態下，那麼，其所做的禪修是無法發揮出強勁有力的功效的。因此我們要努力地深入禪修教法才能發揮出大功效。

對華人的弟子們而言，用中文背誦《心經》和聞思修《心經》的義理，久了也會產生很廣大的利益。因此如果能夠經常性地一邊用中文唸誦《心經》，一邊思惟其字句的義理，慢慢地會有助於內心對空性的證悟，再三思惟的利益是很大的。

《心經》為最強大除魔迴遮法之一

《心經》之所以可以迴遮障礙，是必須在證悟無我慧的攝持下，如此擊掌驅魔才能發揮出功效。因為所要面對的對境類型不一，所以需要使用的方式也不盡相同，有的類型只需要給一些利益、或讚歎或布施等等的溫和方式就會離開。但是有的鬼怪很頑劣，行者就必須懷著慈悲利他的菩提心，再用斥責或較為猛烈的方式驅趕。雖然驅趕的方式有多種，但內心的態度只有一種，就是：恆常保持著慈悲利他的菩提心動機，及無所緣取空性。

有一些頑劣的鬼怪邪祟，用溫和的方式無法降伏時，改用較為猛烈的方式就會服從，而他們的內心也能夠成熟，因此才會有忿怒本尊的方式或《心經》除魔的方式。法會的修法方式雖有不同，但修法者本身所須具備的動機都是一樣的，即慈悲利他的菩提心。

不管修哪一種驅魔除障法，都不可以懷著一種忿怒心和想打敗或消滅對方的想法，這是不被允許的。

《心經》的驅魔也是一種具有威猛力的法，因爲萬法皆依緣起，非緣起的法和非空性的法均不存在。而《心經》的法義也是萬法皆是空性，然後在空性之中形成緣起，特別著重在空性緣起的義理，所以當然符合萬法的實相。因此內心邊唸誦《心經》邊安住在萬法的實相，然後用擊掌的方式做爲驅趕的修法，一定會依緣起的力量而產生驅趕的效果。

但是如果行者內心的動機沒有純淨利他的想法，和安住在萬法的實相上面的能力，如果僅僅只是學習前賢般地口中唸誦《心經》和手做擊掌的方式，則未必能達到有效驅魔的效果。想要達到修法的功效，至少須達到：要消滅的對境、修法者本身和所修的法，都必須安立在自性不能成立的三輪體空的見地之下，心懷利他、外現威猛狀來降伏，在空性緣起之下，法肯定會產生出很大的威力。

《心經》除魔法的功效是如何產生呢？《心經》主要討論的內容就是了空慧、自性不成立以及萬法實相，和法性離戲論的法義。萬法皆因緣起，故而自性不能夠成立，這是空性的內容。因此如果內心能安住在空性的法義上，那就沒有能害和所害的存在，也就沒有所謂的傷害了，那麼所謂的障礙也就消失不見了。這是《心經》所闡述的空性所發揮出來之三輪體空的威力！

如果使用別的除魔法，雖然各法儀軌繁複，但一般來說會有些共同的部分，首先是先把自己觀想成威猛的本尊，在內心作意思惟，把凶猛的妖魔鬼怪的神識度脫到極樂淨土去。至於其效果如何則視每位修法者本身的證量了。如果證量夠，能成功地將其度脫到淨土；倘若證量不夠，則無法成功地將對方度脫到淨土，那麼對方必定會挾怨報仇來傷害修法者，因此修法者很容易受到很大的傷害和障礙。如果修法者自己的內心又充滿了妄念，那無法避免地外在的仇敵跟鬼怪邪祟也將會增加很多。因此，與修威猛本尊的驅魔法相較，《心經》的修法相對安全得多了。

舉個實例：密勒日巴有一天外出散步，回到山洞後，發現有一個女羅刹在山洞裡。密勒日巴就按照口訣修持忿怒本尊法之生起次第，然而卻趕不走女羅刹，密勒日巴內心非常驚訝心想：我已經修了如此威猛的忿怒本尊驅魔法，他竟然不怕也趕不走？爲何呢？此乃因一般在依照本尊法實修時，是必須安立在自性不成立的基礎上來修持的，但密勒日巴修法當時，內心仍是安立在有一個自性成立的能害者，認爲自己是一個會受傷害者，在這樣的分別念之下修驅魔法是無法成功的。

我們自輪迴以來內心充滿著無數惡劣的習氣，現在爲了要把自己惡劣的習氣滅掉之故而產生一個善良的念頭。但是在運作產生善念的過程中，又夾雜著些許惡劣的習氣和念頭，那就如同在一道美食上放了毒藥一樣，完全無法取用。所以儘管修法的時候是觀想自性不能成立的，但是內心中只要還有一個能害者和受害者的分別念，法的威力便無法發揮，也因此密勒日巴也就無法藉由修法把女羅剎趕跑。密勒日巴在修法失敗後，就回想起上師的口訣：輪迴跟涅槃都是自性不成立的。

輪迴跟涅槃都是內心施設安立所形成的。一切萬法都是覺性的力道與神變，是內心所顯、所形成的，實際上是自性不能成立的。彼時，密勒日巴就立刻把內心安住在上師所教導的口訣心要上。密勒日巴的心念調整至此安住時，女羅剎就消失不見了，這是因爲內心不再有分別念了。而這些都是《心經》所闡述的證悟空性的內心，不論是大手印或大圓滿法都是將法抉擇：萬法爲內心，抉擇內心爲空性。一旦能夠在內心抉擇萬法爲內心，而內心爲空性的時候，內心也就不會再執著於有能害者與被害者的分別念了。這個故事所啓發的就是行者是否依照《心經》的法義去修法，其威力效果是截然不同的。

《心經》

禪修精要指導之三

總體而言，佛教，尤其是大乘佛教，都是首先要以菩提心的動機來聽聞佛法的規矩。因此，請大家須先如是思惟：聽聞《心經》甚深的法義，是爲了救度遍滿虛空的爲母有情眾生脫離輪迴大海。之後，大家要就聽聞法義來如理思惟，並置之於心裡，然後努力去實修。

以世間正見爲身口心三門的最初正見

就實修佛法而言，須先透過聞思修來建立正確的見地，並讓自己產生正見，進而持續保持並使其不斷地增長、增廣。而若想使正見不斷地增長增廣，則必須在道上努力做聞思修，如此內心五道十地的地道功德會隨著堅持不懈地實修而逐漸產生，最後便可證得寂靜涅槃的果位。須明白，從修持到證悟佛果的過程中，最重要的是要具足正見。

對佛教徒而言，最初的正見就是善惡的取捨。在實修上不但要能與世俗標準相符，還要能如理如實，正確無誤地取捨善惡，也就是要求自心的正見不要違背世俗善惡的標準。一般而言，不論是尚未進入道路者或已進入道路者，每個階段都有很多的見地須學習，不過首先就世俗間的行爲而言，世俗人自有其方法和標準，話雖如此，但學佛行者仍不可和世俗間的善惡標準相違背。

佛教本身的善惡取捨標準的內容也非常豐富，總括來說，我們的身口心三門要努力符合佛教裡所開示的善惡取捨，依此標準努力去做，稱爲「最初的正見」或「世間正見」。我們應當順著自己的能力，依照所瞭解的善惡取捨標準去付諸實修，努力地如理如法地做到，即便自己能力不夠，也不能故意輕視而不去實踐，此即爲正見的見地。

離四耽著

薩迦派裡有一非常有名的教法，叫做「離四耽著」，即離開四種耽著。這裡所談的重點是不能有執著，亦即內心不能有執著方爲眞正的見地，此爲更提昇的境界。我們的內心因有「所取能執」的這種執著存在，所以不是究竟的見地，更不是勝義諦的見地。由此可知內心的執著對我們的危害很大，一定要除去內心的這種執著。去除內心執著的方法就是「無我」，在內心裡面要產生「無我」，此所產生的正見就成「了空正見」；接著，內心不要產生執著，而其方法就是須產生「無我勝慧」的見地，此時的「無我」見地又晉升爲更高級的「無我勝慧」的見地了。由此可知，前面的正見是世間善惡取捨的世間正見範疇，之後更高的正見就是「了空慧」，而「離四耽著」的教法中所談的就是「了空慧」。如果我們的內心無「無我勝慧」、「空性見地」做爲依靠處，而去尋求其他的道路修持的話，是無法成就菩提佛果的。

「離四耽著」的內容簡述如下：

1. 耽著此世非行者：若行者耽著於此世的一切，或喜歡此世的一切，那就不會是個具格的行者。

2. 耽著輪迴非出離：行者若認爲輪迴是好的，或者喜歡輪迴，不會是個具備出離心的好行者。

3. 耽著此世非覺心：行者若有自私自利的想法，肯定不具備有菩提心，沒有覺心也不是菩提心。

4. 若生執著非見地：行者內心若產生一個自性成立的執著，也不是正確的見地，此時所指的見地特指空性的見地。

若生執著非見地

前面所談初階的見地，是不要違背世俗善惡取捨標準的「世間正見」。地道功德則更進一層地指「若生執著非見地」，這裡則是指「了空的見地」。我們若想去除執著成就菩提，須依靠「了空慧」及「無我勝慧」的見地來對治，才有成就的機會。因此，瞭解空性和學習空性教法是非常重要的。《般若經》和《心經》是學習及瞭解空性教法最好的途徑，整部《般若經》所談的重點都是關於空性的教法，而《心經》是《般若經》的一部分，因此我們必須非常重視及好好地學習《心經》與《般若經》。

基、道、果及自性慧度

想在內心產生空性正見，必須透過學習《心經》來瞭解和學習《般若經》裡的慧度，然而勝義諦的「了空慧」，其慧度的內容卻不是凡夫內心所能夠瞭解的，身爲凡夫內心狀態的我們，目前也只能就字面上來學習，先有個概略性的瞭解。就概念性的講述方式，把慧度概分爲「基」、「道」、「果」、「自性」四個，也就是基礎的、道路上的、果階段的、自性上的慧度，這四者內容很豐富，身爲凡夫階段的我們無法一一地來學習，僅能做概略性的學習與瞭解，若要證悟必須是聖者才做得到。

即便我們只能有概略性的瞭解，也應在實修的道路上付諸實修，實修後才會有覺受產生，然後再透過累積福報、消除罪障後，便能逐步地證悟，自己的煩惱障、所知障和習氣障也會隨著證悟的逐漸進步而逐漸地連根淨除。在這樣的修持過程中，了空的「無我勝慧」須跟菩提心結合在一起，修持才會具備力量。如果修持過程中，「無我勝慧」能跟菩提心結合在一起，修行到最後就會證得一切智的佛果。《般若經》所涵蓋的內容非常廣大，以上爲大家所解說的法要，全部都是《般若經》所含攝的內容。

由於《般若經》的涵蓋層面如此廣大，對出生在現代的我們，很難能對《般若經》裡的「甚深道次第」與「廣大道次第」的教法如理如法地付諸實修。再者，若要針對「無我勝慧」法理實修，則要配合「資糧道」、「加行道」、「見道」、「修道」、「無學道」五道十地，依次第逐級而上漸次實修，然而這是很困難的。故此，爲了利益廣大的眾生，佛陀慈悲地把修持般若勝慧所有相關的教法：包括「甚深道次第」與「廣大道次第」、五道十地的地道功德等等，濃縮爲精要的教法，此即爲《心經》。

《心經》正文義：問答部分簡略解說

「心」為心要精華的意思，也就是這次我們在一起學習聽聞的《心經》。《心經》的講解分為名稱義、正文義與結行義三個部分。名稱義就是經的名稱意義，此一部分已講解完畢；正文義我們也已講解了一些，現在進入《心經》正文義中的問答部分。《心經》主要的內容是透過舍利子和觀音的問答來闡述「無我勝慧」空性的教法。

時具壽舍利子承佛威力，白聖者觀自在菩薩摩訶薩曰：

問答的段落本身又分成簡略問答與詳細問答兩個部分，首先是簡略問答的部分。經文的內容：「時具壽舍利子承佛威力，白聖者觀自在菩薩摩訶薩曰」，舍利子仰仗佛陀的禪定威神功德力的加持，才能對聖者大悲觀音提問關於空性的教法。

「善男子、善女人修行甚深般若波羅蜜多者，當云何修持？」作是語已，觀自在菩薩摩訶薩答具壽舍利子言：

接著是舍利子提問的問題，以及大悲觀音的回答。舍利子向大悲觀音提問：「如果具有善因緣的善男子們，他們有決心想要修行深奧的般若慧度『了空慧』，『無我勝慧』的話，那麼他們要如何禪修呢？」。「觀自在菩薩摩訶薩答具壽舍利子言」，在舍利子向大悲觀音提問後，觀音隨之回答。其內容主要是在說明般若慧度，主要闡述：見地的本質、觀修的關鍵、果位和功效四個大重點段落，此即整部《心經》的重點。

見地本質與三解脫門

「見地的本質」也分爲簡略的說明和詳細的說明，後面的經文也分爲簡略的段落和很長的廣大說明，講解見地一定是講空性、說明空性的見地，然而要說明空性的見地則必須從三個角度也稱爲「三解脫門」，因爲依靠這三個如同門徑般的道路我們可得到解脫。

「三解脫門」的法要是：本質空、因無相、果無求。在不同的地方講解空性的方式各有不同，這「三解脫門」則是《心經》講解空性特有的方式：就本質而言爲空；就原因而言無表相；就果而言沒有可求的。

若善男子、善女人，欲修行甚深般若波羅蜜多者，彼應如是觀察。

如前所談，舍利子向大悲觀音提問：如果具有善因緣的善男子們，不論是否已具備菩提心，也不管是否已入道，只要與空性教法實修具有因緣者，不管利根或鈍根，因為利根隨法行、鈍根隨信行，只要是他們有決心想要修行深奧的般若慧度、了空慧、無我勝慧的話，那麼他們要如何修空性呢？觀音先做整體性的答覆：「若善男子、善女人，欲修行甚深般若波羅蜜多者，彼應如是觀察。」此為先討論本質空，後再討論因無相、果無求。

本質空談的就是萬法的本身自性成立為空、遠離戲論，如果我們能夠針對萬法逐一做詳細的分析，就會發現萬法的本身自性成立為空，它是空性、也是遠離戲論的。因此對萬法而言，因為它本質為空、無生；因為本質無生，所以也無滅、不會增加也不會減少。這就是為何佛教主張輪迴無始也無終，因為輪迴本身自性不成立。如果本身自性不成立，遠離戲論，自性是空性的話，那怎麼會形成？又怎麼會有生呢？因此可知根本不會有開始。既然沒有開始，當然也就沒有滅，所以一個無生無滅的法，其中自也不會有增加與減少。

以上分析論述得到的結論是：萬法的本質為空，也可說本質為空，是萬法勝義諦的實相，也是究竟的實相。

以空性四合說明五蘊

接下來是詳細地講解何為空性，對修學中的我們而言，對空性教法的學習更加重要。《心經》中的「彼應如是觀察」，所要觀察的就是萬法的自性成立為空，這是大悲觀音交代，有心修持般若慧度的行者們應用心觀察萬法的自性成立為空。之後大悲觀音配合五蘊，個別講解五蘊體性皆空之理。這裡的「體性」指的就是「自性」，以總體的面向而言，萬法的自性成立為空並遠離戲論，當然也可以個別的法來詳細分析討論，所以就從「五蘊」個別的面向來討論自性為空的實相。

五蘊體性皆空。色即是空、空即是色、色不異空、空不異色。如是受、想、行、識亦復皆空。

「五蘊」，「蘊」是集合體的意思，就是指一堆一堆、聚集、複數的意思。白話翻譯

「五蘊」就是五堆的意思，五蘊涵蓋有色、受、想、行、識，就是色法一堆、感受也一堆。某一種法聚集在一起，我們就把它稱爲「蘊」，萬法幾乎都是經由五蘊所建構形成的。因此大悲觀音就直接從五蘊來做分析與論述，經過個別法的詳細分析後，得到一個萬法體性皆空的相同結論，五蘊體性也是自性成立爲空的，是遠離戲論的。

色法集合成一堆一堆的就是色蘊，感受集合成一堆一堆的就是受蘊。任何一個物體其實都是由許多的小單位聚集而成的集合體，我們的內心會將這個集合體虛構，此時稱爲施設。施設後我們會爲它命名，然而這集合體並非是外在對境中自性成立的，其實是自性不成立的、也就是自性成立爲空的，它是不能夠自己存在的。它的存在是我們的內心依賴於施設基向彼施設出來的，所以這個依賴於施設基上面的法，它的存在與不存在、美與醜、好與壞等，其實都是虛無的，因爲這些全部是依賴於施設基所被施設出來，所以可確知萬法是自性成立爲空，這就是萬法的實相，也是勝義諦的實相。就「五蘊」而言都是自性成立爲空，所以也就不會有需要將它滅掉的問題，或者以後又會生出來等的情況。因爲自性成立爲空，所以沒有生當然也就沒有死或滅，萬法是寂靜的法性，因爲它是自性成立爲空、遠離戲論的。修學的行者們所需要做的就是：安住在萬法是寂靜的法性的理解與認知上面，藉由分析、討論確認五蘊體性皆空後，便能得到一個明確的結論：萬法是寂靜的法性，這就是爲何我們要先討論五蘊爲空的原因。

萬法是空性，所指的是自性成立爲空，如果學習的過程中不能明確地瞭解此意，誤將空性解讀爲空空洞洞、什麼都沒有，這完全是錯誤的理解。如果將空性誤解爲空空洞洞，也將會誤認爲沒有業力因果的存在。雖然空性的自性成立爲空，然而萬法的顯現依舊是存在的，不會因爲萬法的自性成立爲空而將萬法的所顯現象加以否定。萬法所顯現出來的車子、椅子、房子等顯像都是存在的，且無法被任何人所否定的。但在萬法顯現存在的同時，萬法的實相也是自性成立爲空，這就是顯空無二的意思。

當我們在講述萬法自性成立爲空時，我們須針對萬法的勝義諦實相做論述與說明。其次也應當要明白每一個法也都有它諸多的性質，在它眾多的性質當中有一個自性成立爲空的性質，這個性質也就是它本身的實相，即爲勝義諦的實相、究竟的實相，而究竟實相也就是它究竟的屬性，此即基礎的法性，稱爲「基法性」。

當我們在瞭解到萬法自性成立爲空後，並依以進行觀修空性時，由於是順著萬法的基礎法性而如理如法依次第進行實修，是順著萬法的實相而做實修，故而在恆常的實修中隨著實修的歷程，會在內心漸次地產生覺受，當覺受逐漸增長增廣後，地道功德也就隨之生起，最後便能證得果位。

此處進行一項假設性的辯思：如果我們的見地是認為萬法自性成立不為空，那麼當我們進行將萬法觀想成為自性成立為空時，此時我們所進行的觀修反而是錯誤的，因為違背了萬法自性成立不為空的見地。那所進行的觀修既與見地不相符合，又怎可能會產生正確的覺受和地道功德呢？經由此辯思的過程所得的結論：就是既然我們建立在萬法實相為空的禪修，會產生覺受，也會產生地道功德，甚至圓證果位，那當然也代表萬法的自性確實成立為空的。

如果想詳細地解釋萬法實相自性為空的教法時，就得配合「五蘊」來做詳細的說明，因此會談到「五蘊」體性皆空之理，在「五蘊」中首選色蘊來做詳細的分析與研究，因此經文中先談到「色即是空，空即是色，色不異空，空不異色」，這是用「空性四合」的方法詳解色蘊體性為空。《心經》解釋空性只有兩個方式：「三解脫門，本質空、因無相、果無求」及「空性四合」。「空性四合」指的就是用空性四個項目同時配合來解釋空性，四項缺一不可。

這裡所談到的就是「空性四合」，首先談到「色即是空」：自性成立為空，這是萬法實相、勝義諦的本質，但並不是說萬法就不存在。同理色法自性成立為空，也並沒有說色法是不存在，所謂的空性其意思是遠離戲論，不是說它沒有，離戲論與沒有是兩個完全不同的概念。兩者差別在萬法顯現出來的顯分是存在的，但即便萬法的顯分存在並不表示萬法的自性成立不為空，萬法的實相是在萬法顯現出的顯分存在的同時，其自性成立為空的。

因此如果談到萬法自性成立為空，所代表的完整意思是：雖說自性成立為空，但並非是空洞的，萬法的本質為空，但它仍然會有一個外形顯現出來，在勝義方面來講，仍然會出現所謂的佛身、佛智、佛功德，也就是有顯分的部分會出現，顯分和空分兩者是配合在一起的。

前面談到過，《心經》講解五蘊的體性其自性成立為空的方式是選用「空性四合」來逐一講解探討，現在首先跟大家一起用「空性四合」來探討色蘊的部分。「色即是空」：色法是指已經顯現出來的法，顯分為色，而空指的是色法的本質為空。

以水中月解釋色即是空

針對「色即是空」可用水中月來做比喻。雖看得到水中月，但卻抓不到。看得到是顯分，此爲色；抓不到是本質爲空，即自性成立爲空。就色法而言，雖自性成立爲空，但也顯現出形狀體。此水中月的比喻和「色即是空」是完全相同的概念。由此可推萬法皆如此：萬法顯現的同時其自性成立爲空。在前面談過，我們的內心在對一個集合體做一個施設的同時也會爲它命名，然而我們所施設和命名的這個法，其實是無法單獨存在的。

雖然色法自性成立爲空，但卻不能說色法是空洞的什麼都沒有，因爲它還是有顯現出來的形象，然而萬法顯現出來的樣子與它的本質並不相符合，且這個法的本身實際上並不存在，所以叫做自性不成立，這就叫做「色即是空」。

對於此一部分，有人提問：「水中的月亮本就是假的、不存在的，所以把它理解爲是空的，對我們而言並不困難，但我們生活中的一切的萬法顯現，對我們而言是眞的，是有眞實感的，因此要我們認知其爲空的是非常困難的。然而如前述，倘若我們禪修得很好，能有覺受產生，就代表我們接受空性，我們的修持方向是對的。反之，如果我們的禪修沒有產生覺受，就代表著我們沒有接受空性，也修持得不對，是這樣嗎？」

針對此一提問，可做以下解說：如同大家都理解及明白的，知道水中月本就是沒有實體的存在，它只是一個倒影。以身爲輪迴眾生的我們，對現在所看到瓶子，也都是把它認爲是眞的，此即稱爲諦執，或又稱爲自性成立的執著或我執。然而就聖者來看，這瓶子和水中月是一樣的。

在眾生眼中所見的一切以及感官所感知的一切都是眞的存在，在眾生眼中是眞的瓶，車子也是眞的車子，但在聖者的認知裡萬物萬法都如同水中月，都只是一個顯象而已，並非眞的存在，也就是萬物萬法自性不能夠成立。對眾生而言是執著萬物萬法如其所顯地眞實存在，而聖者則是了悟萬物萬法並非如其所顯地眞實存在，此即眾生與聖者兩者間層次上的差異性。

以瓶子爲例來探討，對輪迴的眾生而言，所見的瓶子就是昨天的瓶子、前天的瓶子、去年的瓶子，因爲從去年看到這個瓶子之後，到今天爲止，每天都看到它，它一直是存在的，所以也就認定這個瓶子是眞的存在且也一直都存在著，這樣的執著就稱爲常執也稱爲諦執。

再舉個例子，我們所認識的每一個人不論男生或女生，在凡夫眾生的眼裡不論是去年、今年、明年都是相同的一個人，然而若仔細地觀察與分析後會發現，其實分分秒秒都在改變。所以在聖者的眼裡則不會是同一個人，因爲每一天分分秒秒都在改變，萬法都是無常的，萬法在第二刹那出現的同時也表示第一刹那已經滅掉。所以萬法是無常的，既然萬法是無常的，那麼萬法當然是不會具有永恆不變的自性成立，因此在聖者的眼中與了悟裡，萬法並非如其所顯般的眞實存在，也不會因此而執著它所顯現的形象。但眾生則是相反的，眾生會因爲看到瓶子從去年到今天一直都存在，而且都一模一樣沒有絲毫的改變，所以執著爲一直有一個一模一樣的瓶子存在著，這也就是所謂的自性成立的執著。在聖者眼中則不然，並沒有一個永恆不變的自性成立，也沒有所謂的自己可以單獨存在且不會改變的部分。

以上的舉例可以略爲明白眾生對萬法的想法是執著爲實有、對萬法的認知是常執與諦執，但這樣的認知卻是與萬法實相相違背的，是錯誤的看法與認知；聖者對萬法的認知則爲萬法的實相並非如其所顯地眞實存在。

爲了要幫助眾生理解體悟萬法皆是所顯的幻象具不眞實感，因此舉水中月做爲例子來比擬。在眾生的認知中都能明白，水中的月只是倒影的顯現，並非眞有一個月在水中。希望眾生透過對這個例子的理解推而進一步思考：我所見到瓶子、車子等所有的東西的實相，是不是也如水中月一樣的不眞實，只是一個倒影、一個顯象，都是假的，並非眞實永恆地存在。不過由於眾生內心的諦執與常執非常地牢固，因此不是很容易就可以被破除。在眾生的認知中，白天與夜晚都是眞實存在著，其一切境與任何事物也都是眞的，只有夢境是假的，然而在聖者的認知中，一切全都是假的。

不過對一天二十四小時生活在幻象中的眾生而言，欠錢籌款還錢、欠稅籌款繳稅等日常生活中的一切，都是如實地在經歷著，這種種的順逆與壓力，也是大家想來聽聞《心經》與精進的原因，然而身爲凡夫的我們很難親證空性，只能用邏輯來推理並相信空性的教法。

《般若經》便是空性的教法，其心要精華就是《心經》，是心要精華版。以《般若經》的分量而言，廣品有十萬頌，每一頌有四句，所以共有四十萬句，由此可知其內容之豐富。而《心經》則是《般若經》濃縮中的濃縮版，是精華中的精華，雖然短但也意味著要學習和瞭解它是很不容易的。

因此，我們首先最需要做的是先瞭解空性的意義，然後依所學習與瞭解的教法付諸實修，現在的我們還只是在總體性概要的瞭解與學習空性意義教法的階段，在尚未充分瞭解空性的意義前，我們並不具備足夠的條件實修，這一點是我們應當先有的認知。但若我們能好好地理解色蘊的空性教法的意義，在內心中經常性地思惟空性的法義，往後在日常生活中不論是善緣或惡緣出現，我們就能很容易想到空性教法的意義。

當我們在進行總體性概要的學習歷程中，首先，先選擇透過五蘊中的色蘊，來學習與瞭解色蘊體性的空性，運用「空性四合」的方式來研究分析與幫助大家瞭解色蘊，之後才會區分成中觀八不，運用這八個項目來抉擇空性。也就是先透過一個色蘊來建立起學習空性教法的正確方法與辯思邏輯，透過此一正確的方法與辯思邏輯，讓大家正確理解色蘊體性爲空的空性教法後，隨後還會舉很多其他的例子來做分析與學習。

比如當善緣出現，自身處於非常富貴通達、一切順心如意的境遇之中時，一般我們的內心必然是呈現高興與快樂的狀態，然而若我們平時能經常性地思惟空性法義，此刻的我們會很容易馬上想到《心經》中所陳述的萬法自性成立爲空的法義，進而思惟此時的順遂與快樂是否也是自性成立爲空。

又或者處於逆境時，例如遇到諸多痛苦與災難或遇到很多逆緣，此時內心的心境必然處於自覺全天下已經沒有比自己還倒楣的了，因此傷心流淚、搥胸頓足、呼天搶地等各種強烈的情緒會油然而生，心緒波濤洶湧，然而此時如果能憶起《心經》中所陳述的萬法自性成立爲空的法義，那麼便會思惟自身此刻所面臨的痛苦與不順遂，也可能是自性成立爲空的空性。

不論面對順境或逆境，若能馬上憶念到《心經》中所陳述的萬法自性成立爲空的空性法義，進而思惟自身所面對的一切順逆境只是個顯相，其實是自性不成立的、是空性的，若能在面對日常生活中的一切時能就如此思惟空性教法的意義，則對一位發心學習空性教法的行者而言，會受益匪淺，由此可幫助我們更加理解學習正確空性教法的法義是多麼重要與必要的。即便只是先學習到《心經》的四句偈，只要我們能在內心好好地思惟其中任一句法義，我們也會因此而逐漸地得到更多的法益。

我們也不需要因爲學習《心經》的空性法義，而將父母、妻兒、吃睡、工作等一切棄之不顧。對於歷經無始輪迴及從未想過萬法自性成立爲空的法義的我們而言，現在才開始學習關於萬法的實相義，也才剛開始學習如何著手分析萬法自性成立爲空的教法，因此，我們只要如同《心經》中所教授的，先從五蘊中的色蘊開始分析起，並且學習使用「空性四合」的教法做逐一的分析與研究，再用相同的研究方法漸推至其他的四蘊、十二處、十八界。現在的我們只是初學，因此不需要太著急，實修與證悟是需歷經生生世世的精進及積資淨障的，我們需要的是發長遠心與菩提心。

如果我們對空性的法義「萬法自性成立爲空」能充分瞭解，這對我們的日常生活會產生很大的利益，所以我們要花時間與精力來努力學習及實修。因其利益廣大，那怕僅僅只是聽聞到空性的教法，也需要過去已經累積很多的福報，有些連聽到教法的名稱都很難，甚至即便有機會聽到教法也不會心生歡喜，這種案例比比皆是。

我們要很有信心，因爲僅只是聽聞空性教法的名稱，也需要累積非常多的福報；可見空性教法之殊勝，僅是聽聞教法的內容與詞句的講解，甚至未來能如理如實地實修與證悟，那更是需要無以計數的福報。在我們的內心要生起非常珍惜此一善緣的想法，而這樣的想法就會是我們未來學習空性教法與實修有好的緣起，千萬不要自我設限，認爲這空性教法可能很難，我可能沒有足夠的能力學習，因此便放棄學習的機會；又或認爲空性應該就是空洞的，所以對我來說沒有什麼用處，也放棄學習的機會，以上這些想法對空性教法不明瞭的眾生而言，是大錯特錯的。

密咒乘門的實修方式與儀軌有兩種方式與階段：「生起次第」和「圓滿次第」，當行者要進入密咒乘門的實修方式前，應先具備正確的空性教法的理解與概念才能進行，如此方能走在正確的實修道路上。若對空性教法懷著錯誤的理解，以為空性就是一切都是空洞的，若以此錯誤的理解來進行密咒乘門的實修，會如同印度的外道與某些聲稱佛教徒一樣，走上錯誤的實修道路，當然也就不會得到正確的修持結果與證悟。佛教雖然在講解與陳述許多教法時，有時所使用的字詞和外道所使用的字詞相同，但其實意義截然不同。尤其在講空性時，佛教內道與印度外道都講「空」，但雙方對空的認知與定義完全不同，佛教所賦予的意義遠比外道來得殊勝。

我們現今雖然只是將空性的教法對大家做一個概略性的說明、介紹與講解，但大家能夠透過認真努力聽聞教法，進而在內心對空性教法有一個正確且概念性的認識與理解，即使無法很快獲得證悟，但也很足夠了，因為即便僅僅是概念性的瞭解，所能帶給大家的法益已很大。

以鏡中影解釋空即是色

接著介紹「空性四合」道理中的第二項：「空即是色」。「色即是空」的比喻是水中月，而「空即是色」的比喻則是鏡中的影像。就空性的本質而言，雖然是自性成立爲空，但萬法仍是會顯現出來。所以說「空即是色」，若用一個一塵不染的玻璃鏡子來比喻空性，當鏡子的外助緣齊備時，也就是有物體靠近鏡子的時候，那麼鏡子就會如實地呈現出所靠近的物體的影像。不論物體的美醜好壞都一律會一一地映現出來。空性也是這個道理的，空性本身也具有著安住的一面與其所顯現的一面，所以說「空即是色」。

雖然它本身有一個安住的道理，安住在自性成立爲空的空性道理上，但是同時也具有可顯現的那一面，因此就會顯現出色法。我們目前主要是在研討色法這個主題，因此說各種色法都會被顯現出來，比方說鏡子很乾淨時，無論物體的美醜與否一律都會被如實地映現出來，這是在彌勒請問偈中佛陀所曾經開示過的：如同乾淨的鏡子上面，物體的外緣齊備時，任何的影像都可以顯現出來，應當用一樣的道理去瞭解萬法。因此，我們選用鏡子的影像來說明「空即是色」的道理。

接下來介紹第三項：「色不異空」，指離開這個色法之外，無另外一個空性存在。第四項：「空不異色」所談的則是離開空性之外也沒有另外一個色法。亦即色法之外不會有另一個空性獨立存在，此即是色不異空的意思。色法討論它本身的自性不成立，那就是色法的空性。由此可理解色法的空性並不會離開色法而單獨存在的。空性不是離開色法自成一個的，因爲空性就是色法本身，就空性的定義而言，是指萬法自己自性成立爲空，也就表示它也遠離一切的戲論邊，既不能說它是同一個，也不能說它相異；也不能說它有，更不能說它無。如果說它是同一個，那就落入一個的戲論邊，因此說它不一亦不異，也才會有「色不異空」，「空不異色」這兩句教法的陳述。

我們如果從另一個角度來討論，色不異空，空不異色成立的話，那空性與色法應該是一而不是異，因爲色法本身就是空性，所以應該是同一個。如果這個理論思惟成立的話，那麼接下來我們要思考，當我們用眼睛看到色法的同時也應該可以另外看到空性，然而結果是我們無法透過眼睛看到空性；又如果色法與空性是一個的話，那假設我們能看到空性的話，也不能另外同時看到色法，因爲我們的前提是色法等於空性，因此這個認知是不成立的。

因爲身爲凡夫的我們內心都是所取能執的內心，凡夫的內心都有二分、都有兩邊的執著，所以就會有二分法的認取與執著，不是有就是無、不是一就是多。所以當我們離開執取任一邊的戲論而分析空性的時候，我們就不能說它是有，也不能說它是無，既不是一也不會是相異。如果還能被指出它是什麼的話，那還能說它是遠離戲論嗎？對空性這個議題，凡夫們會有很多的想法與念頭，比方說若我們說此時此地有某個東西在眼前，那麼大家一定會認爲這個東西就是有；如果又說沒有這個東西的話，那麼大家又一定會認爲沒有，那就是無。一般凡夫大眾的思惟中如果有，那就不是無；如果是無的話，那就不會是有。如果說它是無生的話，那就是常；又如果它不是常，那就是有爲法。一般凡夫，都是二分法的執取一邊之思惟，身處輪迴的眾生不論內心的想法有多少，總會落入邊執的習氣。然而萬法的自性成立爲空，是遠離戲論的空性，因此它是不會落入任何一邊的。所以既不能說它是一，也無法說它是異；也不能說它是有，更不能說它是無，這才是眞正的遠離戲論。

經由前面運用「空性四合」的方法對五蘊中色蘊所做的分析，我們對空性的教法應該已具備少許基礎性的認識和瞭解，也就可以開始對空性教法的這份基礎性的瞭解運用到我們生活中的色蘊：色軀，也就是我們將空性教法配合自己的色軀來做探討認識與思惟及說明，就我們的色軀本身可以認知到，原來我們的身體自性成立爲空，它不是諦實成立也不是自性成立，因爲它自性成立爲空，不是諦實成立，所以它當然也是剎那無常地在變化中，由此可知它是剎那無常的，它是會壞掉的，它更不是我內心可以長久依賴的。

既然我們可以體會到自身的色軀是具有著剎那無常的特質，接下來我們就可以更進一步的運用我們所學的「空性四合」教法，針對我們自己的色軀逐一的做思惟。因爲身體本身就是一個色法的顯現，所以可以用分析色蘊的教法邏輯來分析我們的色軀，如果我們能運用「空性四合」的教法如此做思惟分析，那麼無始輪迴以來諸多執著的習氣也會慢慢地滅除。

我們一般所認知的「我」是把身體（色蘊）當做施設基，而我們所謂的「我」是特指「人」的意思，人的定義是指能言知義，亦即能講話也能瞭解意義。能言知義指的是心識，心識依靠在色軀上，就成立了我們所認知的張三、李四、王五的「我」，然而眞實的情形是：人的色受想行識五蘊，身體本身其實只是施設基，施設出張三、李四、王五的「我」，接著又會執著被施設出來的張三、李四、王五的「我」是眞的存在，這就叫做我執，也就是自性成立的執著。我們無始輪迴以來從不曾認眞地分析過，趁著我們這次學習空性教法的善機緣，把握此因緣，好好地把自身的色蘊做一分析與瞭解。

雖說身體是施設基，然後被施設出張三、李四、王五等，但身體仍是屬色法，身體也是依靠著許多的因緣條件及自己的過去世所累積的因緣條件，才可以形成現在的身體（色蘊）。由此理解，這個色軀需要依靠著很多的因緣條件形成，也因爲它是依靠著很多的因緣條件所形成的緣故，可以得到一個認知的結論：這個色軀的本質就是空性。因爲色軀自性成立爲空，也因爲能透過很多的因緣條件而形成色軀的顯現，所以不能說它是空空洞洞的什麼都沒有。因爲色軀是空性，它自性成立爲空，因此也證明它是經由緣起形成而存在的。

空性非空洞，係自性不成立

如果我們將空性解釋爲空洞什麼都沒有的話，那麼我們就會犯了毀謗與輕視緣起之法，也會毀謗上輩子與下輩子，甚至於也毀謗了業力因果之法，這樣的錯誤是極大的錯誤，我們之所以說色軀是空性，是因爲我們經過仔細分析之後瞭解：色軀是我們依靠著施設基施設出來的。施設基指的是頭手腳等，我們將這些綜合起來施設爲「我」與「我的身體」，但如果我們仔細地去找身體，結果是根本找不到一個「我的身體」的存在，因為身體是靠著施設基所施設形成的，之後我們再把這個身體當做施設基繼續施設出一個「我」，也就是張三、李四、王五等個體之「我」，因此如果我們到身體的任何一個部位去找所謂的張三、李四、王五，其實都找不到這樣的人。既是無法從身體的任何一個部位找到，由此可知所謂的張三、李四、王五的自性成立為空，即是空性。

但我們也不能說因為無法從身體的任何一個部分找到張三、李四、王五，就說是不存在、不成立的，這樣也不對，因為透過緣起之法，經過各種因緣條件的聚集之後，仍然會顯現出身體的聚合體的顯相，而有「我」的顯現之相。舉魔術師變魔術為例，也許可以幫助大家理解，魔術師雖然可以透過術法讓我們看到他所變幻出的幻境，但我們都知道此幻境不必然是存在的，也可說我們很清楚明白他所變幻出的幻境其實是不存在的。

同樣的理路思惟：雖說萬法的自性成立為空、萬法的實相是空性，但透過緣起之法，仍會在因緣條件聚集之下顯現出萬法，雖可在緣起的條件俱足之下顯現出萬法，卻不必然萬法是自性成立不為空的。恰恰相反，因為萬法自性成立為空、是空性的，所以才可以在緣起之法的因緣條件聚集之下顯現出萬法的顯相。故結論為：因為萬法是空性的，所以緣起就會出現；也因爲緣起出現，所以證明萬法的本質是空性的。白話解釋就是：並不會因爲緣起萬法萬象的顯現，就表示萬法萬象眞實地存在；也不會因爲萬法萬象的自性成立爲空，就一定是空洞什麼都沒有，空性與顯分是並存不悖的。

舉魔術做例子：當魔術師拿著木片與石頭透過魔術咒語的持念，變幻出許多的牛羊馬在奔跑的幻象，雖然大家都看到這樣的幻象，但也沒有人認爲這些牛羊馬眞的存在。由此可以理解：萬法即便不是眞的存在，但也不一定是空洞，連顯分都沒有。當然不是因爲有顯分顯現出來，所以一定存在。相同的道理可以推論到自己的色軀，色軀雖然是自性不成立，但也不會是空洞什麼都沒有，仍舊會因爲往昔的因緣與條件聚集之後顯現出我們現在所看到自己的樣貌，隨著往昔諸多不同的因緣條件聚集，而顯現出森羅萬象的各形各色的長相與面貌：高與矮、美與醜、胖與瘦等參差不一。如果往日的自己經常愛生氣且恣意地傷害別人，那麼今生的自己也必然會承受著別人經常地傷害自己，這都是因緣果報不虛法則的運作。

我們可以再次得到結論：凡依賴五蘊條件的施設而形成的法，也因爲這個法是經由施設所形成的，所以我們也必須承認這個法的自性是不成立的。既然它是自性不成立是空性的話，我們也必須承認它是緣起之法。因爲唯有自性不成立是空性的，才能透過各種因緣條件的聚合而顯現出法的萬象，也就是既然講它是自性成立爲空，那麼也就得承認它是緣起之法；而既是屬緣起之法也必會因爲緣起條件的聚合而顯現出萬象。因此，當我們說它是緣起條件聚合的同時，也是表示它不是自性可以成立的。

相同的道理，我們回到先前所研討的色蘊主題，以自己的身體來思惟，我們的身體有顯現出來，既能被顯現出來，也就表示我們的身體自性不能成立，而雖是自性不成立的空性，但也並不是空洞的什麼都沒有，因爲仍可看見各形各色高矮胖瘦美醜等的色軀被顯現在我們的面前。

如果我們能將自己的五蘊色軀配合「空性四合」的教法，好好地仔細思惟與分析，可以理解這個五蘊色軀如同魔術師所變化出來的幻影一般，這個色軀是緣起而顯現的幻象，但色軀的自性是成立爲空的。若能如此經常性地將色軀配合「空性四合」的教法做如理的思惟，我們對自己這個身體的貪念與執著也會逐漸地減少，而佛法之於我們的法益也就能很快地展現在我們的生活之中。

回顧以上關於五蘊色軀配合空性教法的所有重點思想與體會，既然已確定五蘊色軀是屬緣起而形成的，那表示它確定不會是恆常存在的；它是刹那間就會毀壞的，如能經常性地思惟自己色軀的無常與不確定性，慢慢地我們對自己色軀的執念也會漸漸地淡薄，其他方面的執著相信也會逐漸地減少，比方說男執女或女執男，又或男女朋友間等的執著也會逐漸地減輕。

思惟的內心爲第六意識

一般而言當我們的眼耳鼻接觸到外境的同時，我們的第六意識馬上會運作產生好壞等的想法，眼識看到影像並不會執著也不會有好壞的想法，但我們的第六意識會執取眼識所看到的影像，並且會產生是好是壞等的想法與念頭，在第六意識判定是好或是壞之後，接著就會引發因好而生貪念，或因壞而生瞋念；對悅意或好的產生貪戀之心，對不悅意或壞的產生瞋恨之念，產生煩惱而造業，這些都是我們身處輪迴的凡夫所具有的輪迴惡劣習氣。

若我們能透過「空性四合」的教法將自身所處的一切細細地研究與分析，我們的輪迴惡習就會減少。我們可以用所學習到的空性教法，來減輕自心的執著和淨除習氣，能降低我們內心對輪迴的諦執與常執，同時當對空性的了悟愈來愈多，自性成立的習氣和常執的習氣就會愈來愈減弱。這些法義很快會透過自身配合「空性四合」教法的思惟而產生，甚至也可以將「空性四合」的教法運用在日常生活中，產生實質且迅速的功效。對我們而言，空性雖然看不到也觸摸不到，但如果能在日常生活中經常運用「空性四合」的教法做如理的思惟，所產生的法益仍是非常迅速且可感知的。

再者，我們要經常性地思惟萬法之自性不成立的教法，亦即因爲萬法自性不成立，萬法僅如同魔術師所變幻出來的萬象，完全不眞實且是刹那在改變，因此最終也會消失不見。透過如理如法的思惟後，我們對輪迴的出離心自然而然也會增強，對輪迴的常執與諦執也是會逐漸地減弱，對「無我勝慧」的瞭解也會慢慢地加深，當然我執也會減少，慢慢地也就會有所證悟。

所謂的第六意識是指「思惟的內心」，是指瞭解與明白的能力。思惟的能力只有第六識才具有，比方說眼識看到瓶子也就僅僅只是看到瓶子的影像，而不會去思惟這瓶子的美與醜，只有第六意識才會去思惟瓶子的好壞與美醜。我們這裡所談的「心」是專指第六意識，前五識雖會執取外境影像，但不具備思惟的能力。眼識執取色法，耳識執取聲音，而第六意識則是會隨著眼識所執取的色法或耳識所執取的聲音，接著運作思惟，然後產生好或不好、喜歡或不喜歡等念頭。再針對所產生的好或壞的判定，引發出貪念或瞋念和造業等習氣，這些都是第六意識的習氣，也是輪迴的惡劣習氣。

既然是屬於輪迴的惡劣習氣，當然要想辦法來對治它。我們現在學習《心經》中所陳述的空性教法，正好可以用來針對我們自身的色蘊，進行如理如法的思惟與分析。其實從無始輪迴以來，這個色軀帶給我們的痛苦是不計其數的，且也沒有爲我們帶來什麼樣有意義的幫助，但是身爲凡夫的眾生並不瞭解這一點；對凡夫眾生而言雖然色軀所帶來的傷害甚大，但是卻仍對它產生強烈的執著。

基於眾生對色軀強烈執著的習氣，所以在《般若經》一開始，就運用「空性四合」的教理，並優先選擇色蘊，也就是針對色軀先來做思惟、分析與討論，其目的是在幫助眾生透過教法的學習與分析色蘊後，漸漸地減少對自己色軀的執著。身爲凡夫的眾生對於眞正的好與壞、優點與缺點，其實是分不清楚，所以會產生很多的貪執。

如果我們對所執著的人事物的毛病能很清楚，那麼我們對它的愛執就沒有了。例如：男女朋友間的相互執著，當彼此間都非常地愛執彼此時，彼此會因爲愛執之故只看到對方的優點，認爲世上唯有對方最好且無人能及，故而彼此間的愛執會更加強烈，甚至會強烈到將對方的缺點認爲是優點。但是，如果有一天因爲彼此間的缺點而引起了吵架或紛爭後，彼此的內心對另一方的愛執會一如往昔嗎？當然不會，因爲已經眞正看到對方的毛病了，所以愛執會自然地變淡變薄。相同的道理，眾生一直未能看清色軀帶給自己的痛苦，也一直未能看清色軀的毛病，所以也就一直非常地愛執自己的色軀。

無我勝慧與我執

接下來我們一起來理解與分析「我執」與「無我勝慧」之異同處，「我執」和「無我勝慧」的所緣相同，也就是其所緣取的對境是相同的；但它們所執著的方式是全然地相反的，因此又稱爲「所緣相同，執式相違」。比方說面對相同的色軀，我執緣取爲自性成立的，而無我勝慧則緣取爲自性不成立的。由此可確立「我執」與「無我勝慧」之間存在著相違背的關係，既然兩者間有著相違背的關係存在，那彼此間也必然存在著消長的關係。如果「我執」愈來愈強烈，那麼「無我勝慧」的了悟必然是愈來愈少。如果空性的了悟愈來愈強烈，相對的「我執」也必然會減弱。因此我們可以善用兩者間針鋒相對的關係，幫助我們降低「我執」，提昇「無我勝慧」，運用「無我勝慧」來對治「我執」。

身體是我們最大的敵人

龍樹菩薩很早的時候就已提到，最大的敵人就是身體。沒有比身體更強大的敵人了，因爲眾生對身體的執著非常地多，也因爲對身體的很多執著，所以造很多的業，也因此而造成自己很多的痛苦而不自知。不僅如此，甚至將這些痛苦當成是自己最愛、最珍惜的，吃要吃最好的、穿要穿最名牌的等等諸如此類，這些都是來自於對自己色軀的執著而造作的業力，之所以會對自己的身體這麼執著，就是因爲不能眞正看清色軀之於自己的危害與色軀的毛病所致。如果能看清，那麼對自己色軀的執著就會自然地降低、變淡、變薄。

要眞正看清色軀的毛病，須借助「空性四合」的教法，並針對自己色軀逐一地如理如法地思惟和分析。色軀的本質也是「色即是空」，「空即是色」，色軀的本質也是空性的，但同時也是透過各項因緣條件的配合而顯現的，那既然是依靠因緣和合形成的，當然無可避免地需要繼續仰賴適度的飲食保暖來維持色軀的正常運作，不過若遠遠超過色軀所需的受用程度，那就錯誤了，比方說：穿不只要穿暖還要珍貴與名牌、吃不只要吃營養還要昂貴與稀有、住也要住很好，且還要花大錢做種種奢侈的行爲，這樣的行徑就完全不可取。

眾生在沒有看清色軀之於自身的危害與毛病時，都是會異常地愛執自身，而造作很多不好的輪迴業力。正在交往的男女朋友也是如此，因爲還沒有看清對方的缺點，所以彼此間的愛執都是非常地強烈，如果有一天眞正看清楚對方的缺點之後，愛執自然會變淡與變薄，有的甚至就會分手。所以我們有必要先將自己色軀好好地分析一下，發現色軀是緣起所形成的，並且也有很多的毛病，那麼自己對色軀的執著也會漸漸地變淡，不會如以往般的強烈。而這也就是爲什麼《心經》所闡述的內容雖然很豐富，但開宗明義就先帶領大家分析色蘊的重要原因。

前面我們曾向大家介紹萬法皆是空性，因此我們要好好地分析萬法。《心經》所探討的萬法的內容也是非常豐富的，其中涵蓋有五蘊、十二處、十八界等，每項都會逐一研析。然而目前我們先進行關於五蘊的探討與研究，不但先探討五蘊，而且還要運用「空性四合」的教法配合色蘊（身體）、受蘊（感受）、想蘊（內心的想）、行蘊、識蘊（心識）來逐一地做探討、分析和研究，然後慢慢地會得出最終的結論：五蘊的本質是空性諦實成立爲空。

一切萬法都要依靠一個施設基，然後在我們內心再將其施設而形成，而這一切萬法之中會對我們造成最大的麻煩應該是五蘊。因爲五蘊與我們最密切，也因爲這五蘊而讓我們造作了很多的惡業。所以對身爲凡夫的眾生的我們，首要的就是先分析五蘊，期盼透過「空性四合」教法在對五蘊逐一詳加分析後，能對五蘊的諦執能漸漸減輕，貪戀與執著也能慢慢地減弱。

萬法如夢似幻，如空谷回音

經由前面的學習後，我們應當試著將萬法看成如夢似幻般，或猶如空谷回音一般，也試著理解萬法實質上是不存在的，萬法的自性不能夠成立的；雖顯現萬法幻象，卻非眞實而永恆長存，如同空谷之中雖有回響，但卻無人蹤，僅只是回音而已。

如果我們能夠看到一個法的毛病，我們也就可以類推出其他法的毛病。因此《心經》先帶領大家研析色法，透過「空性四合」的教法來瞭解色法的毛病，因爲眾生輪迴最困擾之處就是五蘊中的色蘊（色軀），因此先從色蘊下手分析以收關鍵之效，分析出色法的毛病之後，就可以類推到其他萬法的毛病，藉此降低凡夫對萬法與自身的執著。

比如眾生在睡夢中做了一個美夢，在夢中娶了位公主並住在高級豪宅，且生活的各項享樂猶如皇宮般高級與奢華等，非常愜意，然而夢醒之後一切都沒有了。做夢的人會執著此一美夢嗎？不會，因爲知道這僅是美夢，是夢境虛幻不實，所以不會產生執著。又或者夢見自己成爲一位大富翁，在夢中做生意賺大錢成爲首富，夢中的自己是欣喜異常的，但是當夢醒之後，不但身爲富豪的夢境全無，連欣喜異常的心情也轉眼成空。在夢醒的那一刻，自己當然不會還對夢境中的一切貪戀和執著，因爲夢醒後已知是夢、是幻、是假，所以也不會如同在夢境中那般地欣喜異常與貪戀。

我們現今所看到的一切萬法亦如是，一切的萬法如夢似幻般，亦猶如空谷回音般，萬法的自性是不能夠成立的。如果我們對此不能瞭解，那麼不管是我執、諦執甚或常執都會是非常地強烈的。也因爲各項執著非常強烈，便會引動各種的貪戀、瞋恚，進而造作各種惡業。反之，如果我們對萬法的法性、萬法的自性不成立能瞭解，那麼不論我們在面對痛苦或順逆境時，就不會太執著於自身的境遇。若能如此，那麼即便我們在日常生活中享用五妙欲也不會造業，因爲明白：內心所認知的一切都不是眞的。因此，也就不會將一切視爲眞切而產生強烈的執著心。

之前爲大家進行度母灌頂時，向大家介紹度母的歷史時曾提到：度母智慧月公主曾大量地累積廣大的福德與智慧資糧，而當她在皇宮中方便善巧地享用五妙欲時，她的地道功德依舊持續地進步著，同時也仍然能夠進入禪定去救護眾生，並且能救度無量無邊的眾生脫離輪迴，這個例子所提到的方便善巧地受用五妙欲，就是和視萬法如夢如幻有著異曲同工之妙。

我們若能將一切視如夢境一般，內心毫不執著地面對輪迴所顯的一切，心處於這樣的認知情境之下來享用五妙欲，內心不產生任何的執著，因為毫不執著，所以也就不會造輪迴的業，也就是即使她在輪迴之中享用五妙欲，她也不會造業。因為她擁有《心經》中所陳述的空性。

不要斬所顯，而要斷所執

當祖師帝諾巴在教導那諾巴時曾說：「兒啊，你不要斬斷所顯，但是要斬斷執著。輪迴中的這些五妙欲，一切色受想行識你不需要斬斷它，當它依因緣而自然生起之時，你不需要把它滅掉，需要斷滅的是你對它們的執著。因為只要斷滅對它們的執著便可脫離輪迴。」當帝諾巴對那諾巴做以上開示的當下，那諾巴就證悟了，而那諾巴內心的證悟與帝諾巴的證悟無二無別，有如瓶子相接灌水般，原封不動而且無漏地灌入，因之而得到解脫。

我們投生在輪迴之中，一切的衣食住行當然都需張羅，但是當我們去享用這些五欲時，要視這一切如夢似幻亦如空谷回音般，當我們秉持著這樣的理解來享用的話，就不會造輪迴的業，也不會投生到輪迴中。這其中也有很多是佛菩薩在這個世間的示現，祂們看起來和眾生一樣的衣食住行，也和眾生一樣享用五欲，但祂們在享用五妙欲時的內心卻是和眾生迥然不同的，祂們的內心對所享用的五妙欲視之爲夢幻泡影，無執著之心，故也不會造輪迴之業。但很多眾生在不瞭解的情況之下，經常對祂們擅加批評，這是很大的錯誤。而眾生之所以如此其主因就是：輪迴中的眾生其內心有很多的罪障，當內心有很多罪障時，就有如戴著有色的眼鏡來看待外境，造成錯亂識，亦如眼睛有疾所以將白海螺看成黃海螺。同理，眾生因內心被罪障遮蓋住，所看的都是錯誤的，因此才會對佛菩薩的示現妄加批判。所以，最重要的就是先好好地學習和瞭解空性的教法，當我們的內心對空性的教法能有所理解與領會時，面對日常生活中的一切所顯便皆能視爲如夢似幻，若能如此那麼即便我們受用五妙欲也不會心生執著，當沒有執著時就不會造輪迴之業因，自然也就不再落入輪迴了。因此，想要方便善巧受用五妙欲的關鍵重點就是一定要先瞭解空性才行。

故此，《般若經》的法義於此相襯之下就亦發顯得重要了。即便是僅瞭解《般若經》的法義，也能累積無量多劫的福報，即便身處輪迴中也如同蓮花出汙泥而不染，是不受痛苦的，因爲已視一切如夢似幻非實有，所以不論是順境或逆境，內心都不會因執著而生起苦樂之染著和造業，然而要達到這樣的修持層次，一定得依靠《般若經》的法義，因此大家應該要很重視《般若經》法義的學習。

一般大眾常因自身的不適或遇障礙時，會祈請佛菩薩或至中心請求加持來排除這些障礙，就此現象而言，以對空性的法義不明白及不瞭解一切所顯皆是如夢似幻的眾生而言，內心當然會對自身的一切順逆產生執著；如果是一位對「空性四合」教法有所瞭解者，他當然是不需要請求上師或佛菩薩的加持及淨除邪祟與痛苦的，因爲他已經很瞭解空性的法義。但就如前所說，對空性教法一無所知或者雖曾聽聞卻不願相信空性的眾生來說，他們當然需要透過上師或佛菩薩爲他們淨除邪祟和障礙以及疾病，因爲他有所執著。此時，我們就需要暫時隨順世俗之人的執著，順著緣起狀況而應病予藥，如同世俗之人有男也有女的道理是相同的，一切都是相對待的。

如果我們要隨順眾生的根器就得和他們一樣，也承認有大地的存在，也有水火風和五穀的存在，甚至也有五穀豐收的美好之境等。這一切都是隨順世俗之人的認知與瞭解，即便一切都是如夢似幻，但對眾生而言，情人死亡、內心的傷心流淚，或者看到自己的親人被仇人所殺害的痛苦，或者彼此間的相互殘殺等，這些仍然會顯現出來。因此，在不明瞭空性教法的執著之下，生病就會執著需要藥醫治，若是被鬼怪邪祟騷擾，會想請求上師幫忙驅除。然而，對瞭解空性教法的人來說，生了個如夢似幻的病，給他個如夢似幻的藥；如夢似幻的邪祟，用如夢似幻的法將它趕跑。其實就一位聖者或眞正的證悟者而言，是無所謂的求灌頂者和賜給灌頂者、無能修與所修、也沒有證悟與否的差別。

然而如果僅是耳朵聽到離戲論的空性教法，而沒有讓空性的見地在內心現前，片面地認爲一切的修持與行持都不需要，這是不對也是不可以有的作法。就像有些人對於心識本身的「心王」與「心所」，連這個粗分的道理都一無所知，然後自詡爲走在實修密咒乘門的道路，也自詡爲瑜珈士，裝出很有見地的樣子，並且傲慢地不尊敬上師和一切人，這是完全顚倒錯亂的行爲。唯有內心眞正證悟空性見地的聖者才能一切都不需要，如果僅僅是聽聞教法而內心並沒有眞正的證悟，是無法達到一切都不需要的境界的。

《心經》
禪修精要指導之四

《心經》正文義：問答部分廣大解說

先以空性四合說明色蘊，再以空性八義廣大說明，到抉擇一切萬法是：五蘊、十二處、十八界，皆爲本質空，原因無表相及果無願求的三解脫門。

觀自在菩薩摩訶薩答具壽舍利子言：

若善男子，善女人，欲修行甚深般若波羅蜜多者，彼應如是觀察。五蘊體性皆空。色即是空、空即是色、色不異空、空不異色。如是受、想、行、識亦復皆空。

一般講解《心經》的方式是以前言、正文、結行三階段來進行，經名本身是前言，是名稱義、名目的意義；經文是正文本身；最後則是結語。正文本身又分爲：引言、發言、結論。引言屬前言，發言爲講述討論的內容，最後則爲歸納總結。現在我們的進度是在正文裡的發言段落。

發言的段落其實就是問答的內容了，問答的內容又分有「簡略說明」跟「廣大解說」

兩部分，在「簡略說明」部分我們已經講解完畢，現在要進行的是「廣大解說」段落。此處要講的是「見地」、「觀修」、「果位以及行持」三項；即見地的抉擇、觀修的保任及果與行持。

見地的部分主要講的是：見地的本質，即「空性的本質」，由三個方向來解釋，稱爲「三解脫門」。講《心經》空性時主要是用「三解脫門」，就是：本質爲空、因爲無相、果爲無願求。此處也是分爲「簡略說明」與「廣大解說」。

我們現在進入見地的本質，空性的本質的廣大解說的部分。而在廣大解說這個段落裡，首先是在基礎上簡略說明一下萬法的分類，之後再詳細說明五蘊、十二處、十八界。

顯空而無自性

首先五蘊之中，我們先緣取色蘊做爲基礎的法來做分析，做簡略的說明。先以色法的邏輯推理所獲得之結論，再類推到受、想、行、識四蘊，之後再類推到十二處、十八界，如此則構成「廣大的解說」了。所以廣大的解說，就是抉擇一切萬法。一切萬法是自性不能成立，此即經文所寫的「色即是空，空即是色」。

然而雖說像天空一樣是空，但並非空空洞洞，而是顯空任運；雖然萬法自性不能成立，但顯分依然會依因緣而顯現，所以色法它是個有爲法，也是一個無常的法，此爲佛陀所開示的。故此可知：萬法的實相是顯而無自性，無自性而顯，此即「色即是空，空即是色」。總結起來，這二句所要講的就是「顯空無自性」。

無自性卻又會依緣而顯現，所以「法」即便是自性不能成立，但在我們的內心上還是會看到它們顯露出來。譬如說：水是潮濕的性質、地是堅硬能夠負擔的性質、風是流動的性質，這是因緣條件和合聚集而顯現的，所以是顯而空，空而顯。而這就如同夢境中的幻象，也像魔術師變出來的幻象，因此針對「法」的部分而言，既不能說它是有，也不能說它是無，也無法說它是既有也是無，更不能說非有非無，是「離四邊」也就是遠離戲論。

以空性四合說明色蘊

現在接著要談法本裡，大悲觀音針對舍利子爲眾生所提出修學般若方法的問題所做出的回應。

大悲觀音先以色蘊的抉擇與分析的邏輯做爲基礎，再類推到其他的受、想、行、識四大蘊和一切萬法，去做廣大的解釋。所以大悲觀音對舍利子說：要用空性四合「色即是空，空即是色，色不異空，空不異色」的邏輯推理先對色蘊做分析，如此就可以瞭解到：不論是色蘊或一切萬法，在徹底分析後會發現它的本質爲空，並得到一切萬法空性的結論。

一切萬法自性爲空的意思是指這個法形成的當下，它本身的自性成立爲空；爲何會用「空」來做表示呢？這是指天空的特性，因爲天空無法被單獨指出來。而空性的特色就是遠離戲論，並且無法被單獨指出來。此即爲天空與空性相類似的部分，因此拿天空來比喻空性的特色。但空性的本質又不同於天空般地空空洞洞、什麼都沒有。「空」主要在闡述的是針對一切法成立的當下其自性爲空，而這空性如同天空般是無法被單獨指出。

再度分析「色不異空，空不異色」

前面已講解了「色即是空，空即是色」，現在來說明一下「色不異空，空不異色」，「色不異空」這句探討的是，色法本身是否離開空性另有一個單獨成立的法？「空不異色」則探討，空性本身離開色法後是否有單獨存在的法？

如果色法本身是能離開空性之外單獨存在的法，空性本身也是能離開色法而單獨存在的法，那麼色法跟空性就會變成各自單獨存在的兩個法。而如果這兩個都是單獨存在的法，那我們就要問：色法跟空性本身是相同還是相異？

如果他們是完全相同，那就會產生一個問題。舉例來說：因爲眼睛可以看到色法而桌椅屬色法，所以眼睛看到色法這部分是沒有問題的，而如果空性跟色法是完全相同，那麼當我們眼睛看向桌椅的同時也應該要看到空性，也就是說一個凡夫俗子他不必做實修，只要睜開眼睛也能看到空性。換言之，因爲空性是色法，或者說因爲色法跟空性是一樣，所以我睜開眼睛應該也看不到桌椅才對，因爲色法是空性，而空性是看不到的，對嗎？所以我們睜開眼也仍然看不到桌椅才對，這就是若色法跟空性是相同時會產生的問題。

又若色法跟空性兩者是完全相異，那麼色法跟空性也應該是完全分開沒有任何關聯性存在，這樣的說法也是很糟糕的。因爲前面已經講說過「色即是空，空即是色」，色法跟空性是不能單獨成立的，即使彼此間沒有任何的關聯性，也不會是完全單獨存在的。所以既不是相同但也不是相異。

「色不異空、空不異色」所要表達的觀念和結論是：色法跟空性本身既不是相同、也不是相異。再進一步解釋「色不異空」：空性本身不是離開色法之外單獨存在的一個空性，如果說離開色法之外，還有一個單獨存在的空性，那這個就不是空性。就像剛剛所講的，要不就只看到空性，要不就只看到色法，無法同時看到兩個的，但這卻與我們的體現相違背。「色不異空」的意思，就是色法本身之外沒有另一個單獨存在的空性，也就是空性並沒有離開色法而單獨存在的。

「空不異色」所要說明的是：如果在空性之外，另外有一個單獨的色法存在，也就是離開空性而能單獨存在一個色法的話，這個色法本身會變成恆常法，但是我們體現到的是，有爲法的性相是刹那生滅的，是不會恆長存在的。因此如果它是一個恆常法，也就是生生滅滅的性相不存在，又怎麼會是色法呢？這也是種錯誤的認知，此兩句所要講述的重點就在此。

任何一個法，一定要透過「空性四合」這四個面向與角度去做分析。首先，我們選用色法來討論和分析，分析色法本身時一定要用「色即是空、空即是色、色不異空、空不異色」這四個角度來分析；之後，在瞭解色法本身自性相不能成立之後，再用相同的方式推廣到受、想、行、識四蘊的分析；再之後，推廣到五蘊、十二處、十八界乃至一切萬法，全部都要用「空性四合」的四個角度來逐一地做分析。在透過「空性四合」四個面向與角度分析一切萬法之後，會得到一個結論，那就是一切萬法的本質皆爲空性。

空性八義

是故舍利子，一切法空性，無相、無生、無滅、無垢、無離垢、無減、無增。

空性八義就是：空性、無相、無生、無滅、無垢、無離垢、無減、無增。

此爲「本質空」的段落，在「三解脫門」的教法裡，「本質空」是屬第一個解脫門。「本質空」就是「空性八義」，八義就是一切「法」空性、無相等等，共有八個；前面則是用「空性四合」來做講解，在做講解時，如果再仔細運用三解脫門去分析，可以再細分成用「本質空」、「因無相」、「果無求」三個部分。而空性八義主要是在講本質空，是在闡述空性的八個樣貌。

經文中的：「是故舍利子！一切法空性，無相，無生，無滅，無垢，無離垢，無減，無增。」就是在闡述空性的八個樣貌，也就是一切法具有空性、無相、無生、無滅、無垢、無離垢、無減、無增。以其中的「無相」來做說明，「無相」就是「無性相」，「性相」就是「法」的標準特色，例如瓶子，瓶子本身性相一定是有爲法，而有爲法一定有它的性相，譬如說肚大、底平、能裝水，這就是瓶子的「性相」。但瓶子本身的「無性相」是指，並不會因爲瓶子有此性相之故，它就自性能成立；有一個東西它肚大、底平、能裝水，我們把這些當做施設基，然後把它施設出成了我們眼中的瓶子。但實際上，瓶子本身是了不可得的，這就是瓶子的「無性相」。簡言之，「無性相」的意思，就是「法」一定有它獨特的性相，但不能夠因爲有它獨特的性相之故，就是自性成立的。而所謂「無性相」的「法」，是指無生也就是不生，如前所談的，法雖有性相存在，但法本身不因此就構成自性成立。也就是說「無性相」是：沒有所謂自性能成立，但卻能有性相的法。

四邊生

因此如果說，有性相的法本身也是自性不成立的話，那就表示這一切的「法」它本來

「無生」。談到「無生」，如果我們運用反證法來討論「法」的存在性與否，有四個條件可以推究「法」本身是存在，但卻不是自性成立的。

此四條件稱作「四邊生」，就是「自因生」、「他因生」、「二因而生」及「無因而生」。如果任擇一來仔細分析，這個「法」本身，自性是不成立的，如此一來「法」本身也應該就是不生不滅的，也就是無生的。而「無生」的意義又是什麼呢？我們試著用反證法來探討其意義。就是假設「法」有生的話，支持有生的狀況不外乎是四邊生這四種。而如果我們再仔細地逐一去分析，這四種都不可能支持有生的成立，那麼既然這四種都無法成為支持有生的理論基礎，那就是無生了。

關於「四邊生」，在此再多做一下解說。所謂「二因生」就是自因生及他因生兩個都要有才可以生。

就過去、現在、未來的一切法而言，「自性無生」這部分我們需要好好地瞭解一下。佛陀所說的是「無性相」的法，亦即法的自性相不生。因為法沒有自性，所以「自性相」不能成立。因為「自性相」不能自成立，所以是「不生」，而既然「不生」，當然也就「不滅」。所以就某一個法而言，雖然它是空性，「自性相」不能夠成立，但是在因緣條件聚集之下，它仍然會顯現，而這個法顯現的同時，它也是無常的，剎那在毀滅，這是「法」的特性，大家應該要瞭解。

破四邊生的觀察修

以外道的主張而言，有些派系主張「自因生」或主張「他因生」，也有些派系主張「二因生」，更有些派系主張「無因生」；然而就這四邊生來逐一做詳細分析，就會發現都不可能成立，也就是四邊生是不會發生的，此即稱爲「破四邊生」。

破四邊生理論是中觀派五大正理裡面非常有名的一項，中觀派的五大正理，都是透過邏輯推理而得到的，在佛教裡邏輯推理稱之爲「量論」。也就是透過「量論」的邏輯及正理，逐一檢視後確立萬法「無性相」；重要的是，這樣的理論基礎能夠成爲判斷「法」的標準，故稱之爲「量」。我們可依以證明佛陀所開示的解脫法是正確無誤且存在，因此，佛被稱之爲導師是能夠成立的，也能成爲「標準」的。因此，佛陀是眾生的導師，也是做爲「標準」的士夫，而「標準」就稱爲「量」，所以佛陀又被讚譽爲「量士夫」。

如果我們能根據佛陀所指示的道路做實修，到最後眞的有一個果存在並且可以得，這個所得果位稱爲「有所得果」，其亦可用「量論」的邏輯推理來證明。「破四邊生」的邏輯推理內容十分豐富，非常值得大家修學，倘若能有時間去學習的話，就稱爲「觀察修」。此教法是屬於經論士所必須詳細學習的課程，很可惜我們並不是讀經論的經論士，同時也沒有很多的時間能詳細學習這些內容，所以我們沒有辦法去做這麼廣大的觀察修。話雖如此，我們仍須瞭解佛所開示的「破四邊生」的道理，其結論就是「無生」。將現在談到的「無生」與前面談到的「無相」相配合，性相自性成立的「法」事實上是不存在的，既然這個「法」被證明不存在，那就是表示「法」沒有生。

接續前面針對「法」的邏輯推理，既然「法」已無生，當然也就沒有滅，所以就萬法自性不生這個「法」而言，當然也就不需要再把它破除掉，因此而說其爲「無滅」；其次，因爲它沒有所謂的本有的自性所成立的汙垢，所以是無垢；既是無垢，本自清淨無染，當然也就不需要把汙垢消滅掉，所以也不會有「離垢」。

就勝義層面與自性層面而言，本就沒有所謂的是否有汙垢，不過這裡主要是針對「輪迴跟涅槃」而講述的。自性裡本就沒有好與壞、高與低、垢與淨的差別，就輪迴跟涅槃而言，也沒有所謂原來就存在的輪迴或涅槃。如果我們把三有輪迴與寂靜涅槃仔細地分析之後，得到的結論是自性不成立。因爲三有若是有汙垢的，則與自性清淨是相違背的；請問會有自性成立的離垢涅槃嗎？當然不會有。因爲既已證明沒有所謂三有汙垢，當然也就不會有離垢的涅槃。

基礎所顯

然而爲何自性會對我們顯現出輪迴與涅槃呢？這是因爲我們的內心有一個無明、煩惱，雖然內心自性本來沒有汙垢，但是染上愚昧無知，故此就會顯現出輪迴與涅槃。就「基」的實相而言，內心是非常純淨的，只是此純淨的狀態並沒有被顯現出來，因此眾生對實相本自清淨無從瞭解。

「基」本身是有很多基礎可以顯的，此即爲「基顯」。

當其所顯現出來的當下，內心本身並沒有看到內心純淨的面貌，所以對所顯的部分就不瞭解，而因爲不明瞭就形成迷惑，變成一個迷惑的內心，因之其內心就會摻雜了六道的所顯，接著六道就會順著自己已經迷惑的內心而顯現出內心所迷惑的樣子，然後輪迴的各種業力、因果也就輾轉相應出現。因此如果我們現在認識內心「基」的實相，及將不明瞭的迷惑排除掉，就會有所謂的離垢的部分顯現出來。

但是在實相上是純淨的、沒有汙垢、也沒有離垢，這些在實相上是都不存在的，現在只是因爲自己對內心實相不瞭解，所以有一個迷惑的內心，才會有所謂的汙垢、離垢這些事情發生，而三有輪迴的所顯也是在迷惑的內心上才生發而有的，如果能把這個迷惑的內心排除掉，那麼實際上是什麼都沒有發生。所謂的三有輪迴與涅槃都不存在，因爲實際上沒有「能排除者」跟「所排除者」，這些差別都不存在。

文殊怙主米旁仁波切曾開示過：「沒有所排除、沒有能安立」。於純眞的實相能夠純眞地看到，這才是眞正的解脫。由此更可確立內心的實相本無汙垢，也沒有需要離垢。同理可推，內心的實相當然也就沒有輪迴和涅槃這些事情。

顯有輪涅　平等無二

因此，就究竟的實相而言，顯有輪涅應該是平等無二，也沒有好壞的差別，但我們的內心執著輪迴是壞的、不好的，涅槃是好的；其實這些僅僅只是迷惑內心的執著，並不是實相上眞有一個高低、好壞的差別。這是內心的執著，不是實相的本貌。由以上的分析，我們應當能得到一個結論：從實相的角度來看，輪迴跟涅槃沒有差別，這叫「輪涅一味」。在我們了悟到輪涅一味的當下，這個了悟的內心就是「究竟的見地」。這與《心經》、大圓滿或佛母《般若經》裡所談到「究竟的見地」了悟的內心，是一樣的。

接下來，我們需要好好地思索以下的問題，就是不論是好的或壞的、善與不善的念頭，其實也都是自性不能成立的，因爲這些都是建立在迷惑的內心基礎上而顯現的，因此可以得到一個結論就是：完全不可取。雖說我抱著一個期望追求本尊天、善道的財富與順利，追求期望等，這些算是好的念頭，但是好的念頭也是會把我們綁在輪迴裡，稱之爲「輪迴束縛因」。

不論是好的念頭或貪、瞋、癡等壞的念頭，這都是習氣，都是綁住我們走向輪迴的束縛因，會使我們被綁在輪迴裡而動彈不得，無法超脫。因此，我們應該要努力淨化與消除一切好、壞、善、惡等等無窮盡的迷惑之念。但是，因爲現在的我們都還是凡夫地的眾生，內心都充滿著許多善與不善的習氣及念頭，這些無始劫以來無量無邊的念頭與習氣，是無法在一剎那間就被淨除殆盡的。因此，我們需要採取階段式的方式進行內心的淨化工程；

首先，我們要用一個好的習氣去替換掉一個壞的習氣，再用一個好的念頭去消滅掉一個壞的念頭。也就是培養和增長善與好的念頭和習氣，來更換與替代我們原有的、慣性的壞與惡的習氣和念頭；爲了達成這個去惡存善的階段性的任務，也就因應而有「生起次第」的觀修和持誦咒語等的修持法門，透過努力修持「生起次第」法門，而得到去惡存善的成就。

當我們達到去惡存善的修持目標後，接著必須做的修持，就是對治好的與善的念頭及習氣。因爲我們已經明白，即便是好的、善的，這些念頭在究竟解脫層面來看，也是我們輪迴的束縛因，這些在解脫的道路上都是屬於能障礙者，叫做「道上能障」。因爲不論是好的習氣或壞的習氣，總歸納起來，其實就是期望與懷疑。例如：期望投生到善道或得到解脫，就是屬好的執念。而貪、瞋、痴、慢、疑就是屬於壞的執念，這都會障礙行者邁向究竟解脫。所以，即便是已進步到純善的內心狀態，也是應當要繼續透過修持，將善的念頭也徹底捨離，直到我們的內心能達到一念不生的狀態。而達到內心一念不生的當下，就是輪涅一味，即輪涅無，即一元的究竟見地。

佛陀示現涅槃

有人會認爲既然輪涅無，爲何佛陀還要示現涅槃。這也就是爲什麼我們要分析空性的原因了。我們所談的無生、無滅都是在探討自性層面的特性，既沒有自性成立的生，當然也沒有自性成立的滅，但是，不可以把空性的空，解釋成空空洞洞的什麼都沒有。我們若認爲，輪迴是自性成立的，是可以滅掉的，是不好的，這是錯誤的。之所以有輪迴，那是顯分的顯現，就輪迴來說，是在迷惑的內心上而有，非自性成立而有。如果把空性解釋成空空洞洞的什麼都沒有，那就會落入沒有業力因果、沒有輪迴、沒有涅槃，這又與心性所顯現的相違背。因爲迷惑的內心，還是會依著因緣的聚集而顯現出輪迴。我們用做夢的經驗來做比擬，大家就容易瞭解。譬如說：我們睡覺時做了一個夢，那麼夢境中所顯現的一切人、事、物存在嗎？當然不存在，只是因爲做夢了，在夢境中顯現而已，眞實生活中並不存在。

這個夢境顯象的原理，跟我們生活在迷惑的內心所顯的景象的原理是相似的，都不是自性本有的。又比方說：我們做了個中樂透獎或是做生意順利發大財的美夢，夢中的我們非常地欣喜異常；又或者當媽媽的人做了個惡夢，在夢境裡夢到兒子死掉了，夢裡非常傷心，難過地痛哭流涕。然而當我們夢醒之後什麼也沒有，在眞實的生活中什麼也沒發生。但在夢中發財欣喜與喪子痛苦卻是那樣地眞實，實際上卻並有發生。輪迴的所顯，在現實生活如出一轍，也只是迷惑的內心所顯現出來的樣子，就如同夢境裡所顯一般，不眞實、虛幻的，其實在心性的實相上是不存在的。

從夢境的比喻就能夠瞭解，我們現在所看到輪迴或涅槃，都是在迷惑的內心上所顯現出來的幻象，並非眞有一個原本被層層業力蓋障遮障包裹住的佛，在歷經千辛萬苦的集資淨障後終於成就佛果成佛了。一切的幻象皆是迷惑的內心在因緣聚集的情況下顯現的。

如果，我們針對顯分的色、聲、香、味、觸五蘊這部分仔細地去分析，會發現都是在迷惑的內心上顯現出來的，其本質爲空、自性相成立爲空、法的本質爲空。也就是前面所談到的空性八義：空性、無相、無生等，以及之前談到的色不異空、空不異色等「空性四合」的空性理論。雖然萬法都是自性成立爲無，但因爲迷惑的內心空性仍然會在因緣條件具足時顯現出萬法的幻象，萬法都是顯分，這就是空性，這就是空不異色。即使萬法的自性成立爲空，但是顯現出來的部分仍舊是會有，因爲如同前面談到的，當因緣條件具足，會由因生果，這個叫緣起法；也就是當發生和緣起的條件相襯應的法出現時，幻象就會顯現出來了。

魔術師的戲法

那麼爲何法是空？因爲法的自性成立爲空，所以即便法顯現出來的當下，仍然是無常的，它是刹那幻滅的。經論上常舉的例子：魔術師的戲法。魔術師透過唸誦咒語之後，他的道具就能變出牛、羊、馬等跑來跑去的，其實，觀眾看到的是眞的存在嗎？沒有，全部都是魔術師透過咒語變幻出來的。但觀眾們有沒有看到？有，這是因爲觀眾被魔術師所持誦的咒語迷惑故，所以也看見了這些變幻的景象。所以萬法也如是，順著我們迷惑的內心之故，就顯現出一切如幻的所顯，而眾生也因此會造如幻的善業與不善業，造了如幻的業，就會受到如幻的果報。

雖然痛苦遠比快樂多，然而不論是痛苦或快樂，全都是如幻的果報，而一切內心受迷惑的眾生，也就一直在對如幻的顯分部分造如幻的業；之後，再受如幻的果報，如此循環輪轉不已。三有輪迴的幻象，就如同魔術師所變出來的牛、羊、馬和景觀等一樣的虛幻不實，雖然觀眾也看到魔術師所變出的幻象，但實際上是不存在。我們對空性的瞭解應該要像這樣，在顯分上當因緣條件聚集當然會出現，但顯分並不是自性成立的；因爲眾生內心的迷惑，所以顯現出輪迴和涅槃，然而其自性是不成立的，而我們也不能說因爲顯分不是自性成立的，所以顯分也不會有，如果做這樣的結論就是嚴重的錯誤了。

再舉例來說，當我們內心有一個我執存在的時候，就會接著產生很多的執著，如：我的爸爸、我的媽媽、我的子女、我的男女朋友、我的錢財、車子、房子等等這些執念的想法。當我們的內心有一個「我」存在的這種念頭和想法，我執執念產生的當下，一切的三有輪迴法就同時都成立，喜歡與不喜歡就會因此而產生了。由此可理解到，只要我執的執念存在的話，這我需要、那我不需要、這我喜歡、那我不喜歡、這是好的、那是壞的等等的這些好壞的念頭都會不間斷地生滅。總言之，就是貪、瞋、癡的念頭。所以只要我們內心貪、瞋、癡的念頭都還存在，那麼我們的內心對離戲論與空性的實相，就僅僅只是聽聞上的瞭解而已，內心不能夠產生強烈的覺受，也不會有覺受發生。

因爲我們內心仍執著有個「我」，那麼貪著心與貪戀心還是會很強烈，這就是所取能執的取執妄念心。所以如果當我執已經滅掉時，自性不成立的空性當下就能證悟了。因爲我執滅掉之後，也就沒有這我要、我不要、喜歡、不喜歡、好、壞等這些念頭，即使這些念頭出現也能馬上消失，這些念頭已無法傷害自己的內心，所以此時的內心就沒有所謂的好壞差別，因爲內心已經沒有我執存在。

未能去我執的說食數寶型的修行者

故可確認的是，只要內心的我執存在的話，那就無法避免須承受苦苦、壞苦、行苦這三苦的痛苦。有些人雖然嘴巴上講論空性、離戲論，沒有好、壞的差別，但只要內心還有我執，還有形相的執著存在，內心在見地上沒有證悟，這樣的行者在面臨三有輪迴的各種情境顯現時，仍會受障礙、仍會有被傷害與所傷害，無法達到眞實的證悟空性。

對於說食數寶型的修持者而言，雖說能理解也能講述火的自性是不能夠成立的、火是空性的、水是空性的，但是當他用手去抓火時手會不會受傷？當然會受傷，因爲火的性質是炎熱的，因爲他內心沒有眞實證悟空性也還有所執著，所以仍舊會受傷。這種說食數寶狀況，就如同是嘴巴掛在天空，但屁股還是坐在地面上一般，言行與證量差距很大。但是如果有一天他的內心眞實地證悟了，明瞭火的自性不能成立，水的自性也不能成立，完全是無性相的，那麼此時的水火很可能就傷害不了他，因爲他已經證悟到自性相不能成立之故，見到法性眞諦的聖者，不會受到四大傷害。但是有些有神通者，也有可能不受四大傷害，但他並不一定是見到法性眞諦的成就聖者。這點希望大家明白。

舉例說明，如果在見地上沒有證悟的情況之下，夫妻因爲第三者而爭吵，那麼當事者內心當然非常地生氣和忿怒。爲何會生氣和忿怒？因爲內心還是執著自性相成立。在內心執著於自性相成立的情況之下，也會執著「我」好像是自性成立的，在這樣的心理狀態之下，內心的貪、瞋、癡必然會有，而已經迷惑的內心也會因爲這些貪、瞋、癡的習氣而不斷地生起分別念，並且判斷好的、壞的等等的執念，這起因就是內心仍然有一個「我執」存在，也表示自己還沒有證悟空性。

相對的，對於究竟空性的見地關鍵也需要明白。假若對萬法空性離戲論產生錯誤的理解和解釋時，很可能會認爲既然一切都是空空洞洞什麼都沒有，便胡作非爲而覺得沒有關係；比如對於世間的男女間的關係等等胡作非爲，也認爲沒有關係。爲什麼空性會被誤解而認爲沒有關係呢？因爲他們認爲空性爲離戲論，所以不需要嫉妒計較而可以隨隨便便的；也誤以爲皆是空性，所以一切也無所謂。

這實在是空性見地上非常嚴重的誤解及濫用。因爲在沒有證悟空性之前，對於見地、行持及觀修，是需要謹慎小心。

夢中知夢，知無所害

如果是已經證悟空性者，其內心狀態會是自知在夢境中，知道這是夢中之夢。

比方說在夢境裡，被殺手拿刀子砍殺，在夢裡的當下，如果不知是身處夢境，那麼當然會非常地害怕且拚命地奔逃，極力避免自己受到傷害；如果知道是在做夢，那麼就會明白即便是被兇手殺了也不會怎樣，因爲是夢。夢境中的自己根本不會受傷，也就沒有痛，更不會覺得苦了。

又如同自己在夢中，盲目地逃跑到懸崖邊，當已無處可逃之際，如果不知自己身處夢境，內心必然會膽顫心驚，同時也會很恐懼自己跳下這個萬丈深淵的懸崖會全身粉碎而死；而如果能非常清楚自己是身處夢境之中，就不會感到害怕恐懼與痛苦，因爲夢境非眞實，自己是不會受到絲毫的損傷，因爲夢中知夢，知無所害，所以自然不會感到痛苦及恐懼。

同樣的道理，身爲凡夫的我們不知道也不瞭解，其實在我們每天所面對生活中，即便白天清醒著但其所顯現的一切也全都是如夢似幻的夢境，只因爲我們是內心尚未證悟空性的凡夫，所以都把一切執著爲「有」，就像一個做夢的人身處夢中而不自知，那麼夢中的一切當然都會有苦受與樂受，我們會將白天一切所顯執著爲「有」，而一切的苦受、樂受、傷害、利益、高興、痛苦等等，一切錯綜複雜的感受與分別念，也就都自然而然地因應而生且從不間斷；反之，如果我們的內心已經證悟空性，則就會很清楚明白其白天一切所顯也都是夢境，因此在日常生活中所遭受到的一切順逆，將會如同夢中之夢一般，眞相是沒有「能害」跟「所害」、也沒有任何的傷害、更沒有苦樂，這些都不會存在。

但是很可惜現在的我們所執著的是，白天的一切所顯是事實，晚上所做的夢那才是假的。凡夫眾生無法體認到，其實晚上的夢境根本是夢中之夢。然而聖者與眾生截然不同，對聖者而言，晚上的夢境固然是夢是假的沒有錯，但白天的事實也一樣同屬夢境，日間所顯跟夢中所顯完全沒有差別，因此聖者在面對白天所顯的一切，當下之際內心沒有能害跟所害、沒有好與壞、沒有苦與樂，一切都如同夢中的幻影一般，不過這是聖者才能夠證悟的。

身爲凡夫的我們，因爲還有迷惑的執念，因此才需要更努力地學習關於空性和無我的眞理，並努力地去瞭解迷惑的內心所執著的那個「我」到底存不存在。所以只要內心仍然還有我執存在，其內心仍舊會執著一切萬法全部都「有」。其內心仍然還是會有一個「我」，並進而衍生出一切的執著與分別念，例如我的爸爸、我的媽媽、我的父母、我的子女、我的男女朋友等等，並且會堅固地認爲這些對境一定眞的存在。由此可知，只要內心還有「我執」「所執取」的存在，我們的內心仍舊會不斷地感到痛苦。其實如果我們能夠仔細地分析「我執」所執取的「我」，倒底從何而來，當我們能夠透過正確的邏輯推理仔細地分析後，會得到一個結論，就是根本找不到一個所謂的「我」，沒有一個所謂的「我」存在。但是如果我們只是在這裡空談空性的自性不成立，而內心沒有經由實修達到眞實的體悟和證悟的話，那麼我執的執念仍然會很堅固地存在；而只要我執還存在，一切的執著、好與壞、傷害與利益、苦與樂等等這些執著必然尾隨而至且無窮無盡。

如果我們希望能得到眞正的寧靜安樂與心靈解脫的自由，那麼我們最需要盡全力做的事就是徹底消滅我執。

偉大的佛陀爲了幫助眾生離苦得樂，才會有如同對付病給與藥般的，讓空性的教法因應而生，也才會有《心經》流傳於世。因此身爲行者的我們，內心要有一個定解，就是只要內心還有我執存在，則不管是做多少的布施、持戒、安忍、禪定等的實修，仍然一定會有感到痛苦和傷害的時候。所以，一定要努力證悟到輪涅無二無別才可以。

有用的藥與毒是不能並存的，毒歸毒而藥歸藥；但是如果遇到的醫生醫術高明，毒用得好也可以變成藥；相同的邏輯反推，如果遇上庸醫，藥也會變成毒。然而唯一可以確定的就是，只要是藥的時候就不會是毒，只要是毒的時候就不會是藥。對我們而言，則應該要很努力地將藥與毒清楚分開，因爲如果用得不好或不對時，藥也會變成毒；然而是毒或是藥，全在於運用者的智慧，端看他如何運用。

針對「我執」與「無我慧」而論，所緣對境只有一個，但對這兩者的認取和瞭解是完全相反的。「所緣相同、執式相違」是指所緣的對境是同一個，但我執把所緣對境執著成爲自性成立，而無我慧會把所緣對境執取成爲自性不成立。由此可知，即便面對是相同的所緣對境，但是我執與無我慧這兩種認取的方向是完全相反的。

藥與毒

因此，我們有必要要按照《心經》的空性勝義，好好地學習並付諸實修，讓無我慧的習氣逐漸地增強；相對的，隨著無我勝慧的漸次增強，我執也就會漸漸地被滅掉，就如同是藥的時候就不會是毒的例子。如果我們用藥與毒來比喻仍爲凡夫的輪迴眾生的內心、習性或習慣，就好像本來是一顆藥但已經跟毒混雜在一起了，雖然本來藥雖具藥效，但是已跟毒混雜在一起，也就同時具有毒性了，那麼要說是藥還是毒？答案當然是毒，因爲吃了會中毒甚至會死的。有些人心裡面會這樣想，譬如供養上師與善知識，並請求開示輪迴與涅槃的法，上師和善知識很慈悲地滿他的願，對他做了關於空性教法的開示；然而自己沒有對萬法自性相不能成立做觀修，僅僅只是靠聽聞，那麼這對自己的實質幫助其實是微乎其微的，甚至於會對空性教法產生錯誤的理解，以爲聽聞過就瞭解空性教法了，這樣學習教法的方式是犯了非常嚴重的錯誤。

因爲就算自知自心本貌是佛，一切所顯實際上是沒有，一切萬法都是千千萬萬廣大無邊的不清淨所顯，這些都沒有錯，但僅僅只是知道是毫無用處的，這個透過聽聞教法的知道，只是因爲上師開示，並非來自內心眞實的證悟和體悟，那麼這樣的空性教法，也就無法在生活中產生任何實質性的幫助和發揮空性教法的威力，充其量只能說是對詞句的瞭解。也許聽聞空性教法之後，自己對空性教法也能像仁波切這般能說善道，但倘若內心沒有透過實修去眞實證悟或產生覺受，這種學習方式是毫不可取的。

現在我們的習性，就如同前面比喻講的藥與毒的毒般，雖明知內心的實相是佛、是藥，但是現在已經染上了輪迴的習氣故已是毒了，也就是說清淨的內心佛性已被輪迴的習氣垢染所遮蓋住，雖是藥但也已經摻雜毒在裡面了，摻了毒的藥已不再是藥。因爲已經變成毒，而且藥的作用也無法產生了。同理，現今一般的學法者，還不瞭解自己清淨的佛性已染毒甚深，僅僅透過聽聞心性的教法，就以爲他內心本來是佛，其實已經受到染汙，就把染毒的藥吃了，吃了就會死亡，因爲它是毒並不是藥。

因爲清淨的佛性已經摻雜到輪迴的習氣在裡面，所以不管是誰都是會受到痛苦的毒害。我們的內心實相是佛，就像藥一樣沒錯，但是眾生因爲對這點不瞭解，而形成一個迷惑的內心，在迷惑的內心上面，就會有各種各類輪迴的所顯出現，這是後來的汙垢，因此才會稱爲輪迴的眾生。所以，輪迴的眾生都有一個迷惑的內心摻雜我執在裡面，我們稱「所取能執的妄念心」，那麼此刻也就變成染了毒的藥，不能再說是藥，因爲藥的功能已無法發揮出來了，現在只有毒的功能在發揮作用。

所以我們現階段，最重要的是要想辦法再把毒徹底淨化還原藥性的本質。那麼要如何淨化毒的性質呢？有能把毒消滅的咒語叫做化毒咒，就如同醫學裡，有毒就會有解藥；只要努力持咒並配合觀想做實修，是可以把毒消滅掉或者是解掉毒性的。不過總而言之，什麼時候能把毒消滅掉，藥的功能也就能在同一刻重新發揮功能，毒的威力一日沒有消滅掉，藥的功能也就一日不能發揮出來；同理，即使現在的我們自知本來是佛也沒有用，譬如說，現在有病人急需被醫治，而現在的自己有沒有能力發揮神通力來幫助病人治病？不是說佛是大醫王？但因眾生被我執的毒給蓋住，因而藥效無法發揮。即便努力持咒觀想，也不會有什麼威力或功效產生的。爲何？因爲沒有證悟的迷惑內心，如同被我執的毒所染的藥，毫無藥效，甚至會對病人造成新的傷害。

現在有很多人認爲自己是一個禪修士，也以爲自己是佛、具有佛的威力，因爲有了些許的威力之後就產生了傲慢、驕傲，其實這些所謂的威力都不會有什麼用處的。即使瞭解空性的內容，但並沒有透過實修得到證悟，也是沒有用處的。因爲無法淨除及對付我執，一切都是枉然。所以我們一定要想辦法努力禪修並體悟空性，之後才能去對付我執並徹底淨除我執。做好禪修的工夫並發揮出禪修的功效，就是掌握了禪修的要點，也就是掌握到教法的要點，如此才能達到證悟並取得成就，所以即使瞭解很多，但如果沒有付諸實修也是枉然的，我們要非常小心謹慎地避開這種錯誤。

「迴向發願文」裡面有談到：如果是行善業不小心的話，也會變成不善業。也就是說在行爲的表相上看起來是在行善業，但實際上因爲種種過程的因緣變化，也很可能會變成不善業。好比說行者或出家眾或中心的工作人員，相信大家一開始發心行善業的動機是誠心誠意的，但是在行善業的過程當中，有時在因緣變化或自心的習性變化之下，會發生很多的紛爭而產生忿怒心或生氣，或者即使沒有瞋恚，有時也會因爲自己覺得做了很多的善業或捐了很多的善款而產生傲慢心；所以如果仔細地分析一下會發現，要達到百分之百的純善業是非常地困難，多數是善惡夾雜的業；這就如同前面所談的藥裡已摻雜毒，此時已變成是毒不是藥了。其實會發生這種情況的主因，都是因爲我們內心的我執力量太強了，沒有證悟空性、沒有無我慧之故，這也就是爲何無我慧、空性的證悟是多麼的重要。

觀察修，安住修

爲什麼說空性的證悟威力非常地強大，因爲空性能夠徹底淨除我執。前面曾談到，我執與了空慧是緣取相同的對境，但瞭解的方式不一樣，正確地瞭解能夠消滅錯誤的瞭解，也就是無我慧、空性慧才能淨除我執，如果能淨除我執，輪迴就會隨之滅除。因此如何能了悟空性就顯得非常重要並具有急迫性。所以我們對空性四合、空性八義這些教法，非常需要好好地學習然後實修，並且要經常在空性八義、空性四合的教法意義上做觀修，能如是做觀修就不會落入空空洞洞的錯誤見解。

觀修裡面提及，若以爲像天空一樣，去執取一個空空洞洞的什麼都沒有來當做禪修的對境，之後安住在這個對境上面，這是屬有所執取的觀修，並不是觀修空性，與空性相差太遠；空性的禪修要像《心經》所談到，先緣取色法，再推及到受、想、行、識。緣取色法之後用「色即是空、空即是色」的教法，仔細地去分析觀察，色法本身自性不成立、自性成立爲空，之後安住在空性的法義裡面做實修，這是屬上等者的禪修方式，又叫「安住修」。也就是安住在自性成立爲空的空性法義上做觀修。

然而若無法達到這個程度也沒關係，也可以依照《心經》講述的內容，用空性四合或空性八義逐一地去分析，爲什麼是自性不能成立。譬如說自己內心的嫉妒產生之際，讓自己靜下心分析一下，嫉妒的內心爲什麼是自性不成立的呢？又譬如內心產生了嫉妒之後，這個心最初是從哪裡來的？是一個色法嗎？有形狀和顏色嗎？如果屬心識的話，又是一個什麼樣子的心識呢？如果能這樣去分析就是觀修，亦即觀察修。上等者是安住修，如果做不到安住修，那就努力學習觀察修，這些都屬實修法。

接續前面的例子，將嫉妒心好好地分析一下：最初，從何而來？中間安住在何處？最後在何處消散？如果觀察得非常好的話，內心便會產生一個體證：沒錯，這個嫉妒心眞的是了不可得，嫉妒心的自性不成立的，之後，就讓自己安住在自性成立爲空的空性上面，繼續安住保任地做實修。接下來就會提昇爲安住修。如果，能將觀察修和安住修融合在實修的過程裡，這個人的實修一定會愈來愈進步。在安住於自性不成立上做實修的同時，也要很小心謹愼，要避免變成安住在空空洞洞什麼都沒有的錯誤禪修狀態，錯誤地緣取虛無空洞爲空性而當作對境觀修，這是錯誤的，是不能滅掉我執和壞習氣的。

如果在沒有正確的無我慧、了空慧的情況下觀修，我們想要透過行善業把壞的習氣滅掉，會是非常困難的。因爲現在的我們，對於自己內心壞的習氣頂多只瞭解百分之二十、三十而已，想要滅掉自身壞習氣的首要條件，是要先知道這是壞的習氣，才能透過努力把它滅掉，如果自己都不知道那是壞的習氣，又怎麼能將其滅掉。尤其是對自身的百分之七、八十分的壞習氣毫不自知者，更不可能把壞的習氣淨除殆盡。

因此具正知正念的禪修益顯重要。正念即以前已經具備了正確的瞭解，繼續地維持下去，能好好地安住在這些觀修的實修上面，其幫助以及利益才會發生，這是行之不易的。前面我們曾談到很多的上師和善知識，如果不能安住在一個好的觀修和禪修裡面，會以爲自己在行善、做實修，然而內心的起心動念，落入世間八風之中而不自知。然而落入世間八風之中的禪修，因爲沒有正確空性的了悟，所以自己的實修或行善業都無法滅掉我執和壞的念頭，要達到證悟更是不可能的。

這裡跟大家分享一個非常有名的「格西班的故事」。格西班是一個非常有名的大博士，最早以前，當他還不是大博士的時候，有一天被請去功德主家裡修法，當他修完法誦完經起身去上廁所後，從廁所出來時經過功德主的廚房，他看到非常高級的茶葉，當時心想：如果我在閉關時，能泡到這個頂級的茶葉就太好了，就起了心念想將那罐茶葉帶回閉關房，然而當他伸手拿這罐茶葉時，他內心的正念正知立刻產生了正面的作用，知道自己內心壞的習氣現前了，內心透過正知、正念馬上分析，自己現在的起心動念是好或壞的念頭？我現在做的事是好事或壞事？經過分析之後，當然知道這是偷盜的事情，內心的想法是一個壞的念頭，因爲所產生的是貪念。

格西班察覺之後，馬上用另外一隻手抓住貪心拿取茶葉罐的那隻手，接著就大聲叫功德主來，並對功德主說：「把格西班這壞蛋抓起來，因爲他偷了你的茶葉！」

格西班這樣責備自己、斥責自己，把自己壞的習氣顯露出來、挖出來，是這樣子的一個實修士。這是一個實修的口訣，把自己壞的習氣挖出來並把它消滅掉，他依照這樣的實修口訣嚴格要求自己，因此可以說是一個眞正的禪修士，之後也就變得非常有名氣。

對現在的行者而言，要做到這樣的標準是非常困難的，因爲內心一直沒有正念的存在，不要說看到這個茶葉罐想要去偷盜，平常沒看到的時候，心裡也會想這位功德主都沒有給我好的東西，心裡擔心怎麼沒有供養我？所以，要做一個正知的行者實在是非常困難的。

依止上師來實修空性法義

之前有弟子問過：「修行者應該害怕自己傳承上師過世以後，是否還能繼續得到上師的加持嗎？」

我們現在可以運用空性法義來對此問題做解說。首先，依止上師之後，上師一定會順著弟子內心的程度，爲弟子做各種各類的講經開示及解說教理，如此才能對弟子產生實質上的幫助，如果弟子對當時的上師擁有堅固的信心再加上誓言清淨的話，當弟子在聆聽上師開示教法的時候，靠著這個緣起的威力和上師加持的力量，以及弟子堅固的信心，加上誓言沒有滲入雜質，上師的加持一定會進入弟子的內心，對他的禪修一定會產生幫助。不過這些都必須在上師沒有涅槃之前努力，直接讓自己在修行的菩提道路上具備獨立作業的能力。

所以，即使現在聽聞上師開示萬法都是空性、離戲論，對聽法者而言，若僅僅只是開示，只是文義的瞭解，對行者是毫無實質用處的。首先要讓自己對空性、離戲論深入地瞭解，之後要透過實修產生覺受並領受到法益。

如果行者能在上師住世時做到如是修持的程度，那麼上師涅槃與否，或上師是否在身邊就沒有差別了。因爲這個弟子本身信心非常地堅固，所以上師加持一定會進入弟子的內心，弟子的內心也一定能夠得到上師加持。如果弟子的信心能堅固不退轉，即便上師涅槃了，加持仍然進入內心。

再次強調，這是必須在上師住世就要做到的，並且上師跟弟子雙方都需要彼此認定，弟子對上師信心也很堅固，而上師在自己觀修的時候也以心意加持弟子的內心，那麼證悟就很容易發生。

然而什麼樣的標準，才算是對上師信心堅固呢？必須要做到，不管上師做了什麼事情都看成是好的事情，上師的見知行一切皆爲善，如果能達到這樣就是信心堅固。還是要強調，這是必須在上師涅槃之前達到的狀態。現在大家都非常忙碌，能夠聽聞上師善知識講經開示的時間很少，而一切萬法都是無常，特別是眾生的生命也是無常，所以應該要珍惜學習佛法的時間，也要將從善知識開示中所得到的知見，好好地努力觀修，並讓自己的內心產生覺受，讓自己在菩提道上能獨立做實修，如此就是弟子的信心堅固。以後就算上師不住世，加持也一樣會進入弟子的內心，而弟子也就比較容易得到證悟。所以如果弟子的信心很強烈，那麼上師的加持並沒有遠近的差別了。

比如，密勒日巴去拜見馬爾巴上師學習佛法有六、七年的時間，在這段時間裡，上師都在找密勒日巴的麻煩，其目的是爲了要消除他的罪障。這其間，密勒日巴並沒有每天聽聞教法和口訣的開示，也沒有被教授實修，但在最後，馬爾巴上師給了密勒日巴一個口訣，他在得到唯一的口訣之後就離開上師，到雪山的山洞森林裡，努力實修上師所傳受的唯一口訣，且一輩子就只修唯一的口訣，最後他的內心獲得了跟上師無二差別的證悟。

所以，如果已經依止了與自己生生世世有緣分的上師，不管上師給自己多少的難行與苦行，自己的信心要完全沒有沾染到任何的雜質。密勒日巴就是如此，他按上師的口訣去獨自實修，不需時時刻刻和上師在一起的。最重要的，是已經依止到自己生生世世有緣分的上師之後，在誓言沒有摻雜到任何雜質，並且信心很堅固的情況之下，那麼所得到法的利益就很大。

相反地，如果是一直待在上師的身邊，因爲靠得很近，就會看到上師很多的毛病，如果是這種依止上師的方式，即便皈依得再多次，誓言的雜質也會很多，而且也不會產生什麼法的利益。

我們爲何需要依止上師？就是爲了要有學法的因緣，即法緣。所以應該拜見上師，再從上師那裡得到實修的指導和方法，這是皈依上師最重要的原因和理由；從上師處得到實修的教授之後，按照所教的方法做實修並讓上師的加持進入內心，這是實修最重要的部分。所以並非需要經常跟上師在一起，如果像好朋友般經常跟上師每天在一起的話，大約一至二個月就會開始看到師父的毛病，不久之後就只會看到上師這個行爲不對、那個行爲不對、這個態度不對、那個態度不對，也就看不到上師的優點只看到缺點了。

另外，如果依止到不具德的上師，更是不能得到好的教法。所以最要緊的，是在依止前先好好地觀察這位上師，他的戒律持守得非常好嗎？他的誓言清淨沒有衰損嗎？他的見地、行持和觀修的部分跟佛陀開示所講的一模一樣嗎？如果都是正向的答案，這便是一位好的上師，是一位可以安心依止的上師，依止之後就會從上師處得到修持的口訣，得到修持的口訣之後應該努力地做實修，這才是最重要的。

假設不是努力尋找宿世有法緣的上師依止，或只是很重視一個師徒的名分，而且也不重視從上師處所得到的修持口訣，如果持以這樣的心態，那麼依止再多位上師也是徒勞無功。且等到上師涅槃之後才發現，自己好像都沒有獲得任何實修法，也沒有從上師處領受到修持的口訣。如果沒能從上師那邊得到修持口訣的話，僅僅稱說這是我的上師，及我的上師多麼重要，這樣對自己不會產生任何實質的幫助。

此外，若因爲自己皈依有名氣的上師，然後只重視上師的名氣，並不重視是否曾從上師處得到修持的口訣來做實修，在這樣的心理基礎上反而會產生很多的分別心；會分別我的上師是最好的，其他的上師不好，這樣的心會很強烈。這是不正確的，應該要重視能否從上師處得到實修的口訣，並在得到之後努力地做實修，而不是去做比較，這個才是最重要的。

就依止上師善知識而言，要了知上師、善知識是一切諸佛的總集，上師的心是一切諸佛的總集，也是過去、現在、未來一切諸佛菩薩的總集。所以蓮花生大士曾開示過：「如果西藏弟子有信心唸誦咒語班札古魯的話，雖是唸誦班札古魯，但並非只有祈請我一個人，是祈請一切諸佛。」

班札古魯是一切諸佛的心要，因此祈請的時候，不是只有單獨祈請蓮花生大士，是祈請一切諸佛。所以當大家祈請上師時，不會是只有祈請自己的上師而已，也會是祈請一切的上師。因此要重視一切的法，特別是要瞭解上師就是一切諸佛的總集，這一點是非常重要的。

現在的人非常缺乏這個正確的觀念，大家內心的分別心很嚴重，而且依止上師的目的，也不是爲了要從上師處學到佛法、得到口訣、做實修，依止的重點完全不是放在這些要點上，幾乎變成只是結下一個師徒的法緣，然後心裡認爲我的上師是最重要的，其他的上師全部都不好、都很糟糕，而讓自己的內心存在著這樣不好的分別心。

如前所強調的，在決定依止上師之前，應先觀察並確定是位具德的上師之後才依止；依止之後從上師處得到實修的口訣，然後當自己已經能在這個實修的道路上獨立自主時，此時就應該遠離上師，然後獨立自主地把上師教的口訣做實修；當上師的加持進入自己內心的時候，自己的證悟就能夠得到，這是依止善知識的目的，而不是去比較，認爲我的上師很重要，認爲別的上師不好。其實認爲自己的上師很重要，而上師住世時又沒有積極地從上師處得到實修的口訣並付諸實修證悟菩提的話，等到上師涅槃以後又沒有實修法可以做實修，然後又再去找另一位上師依止，也仍然不知要向具德上師請求做實修的口訣及付諸實修，如此終其一生周而復始地循環式皈依，對自己的修持和解脫毫無用處與幫助，實在是空耗了歲月及枉費了依止善知識的無上福報，這是非常大的錯誤，請大家要瞭解。

十八界

舍利子，是故爾時空性之中，無色、無受、無想、無行、亦無有識。無眼、無耳、無鼻、無舌、無身、無意。無色、無聲、無香、無味、無觸、無法。

上述經文是在講述五蘊、十二處、十八界的因無表相部分。前面已經用施設基及空性四合分析了色受想行識五蘊，之後用空性八義探究五蘊的本質空及破四邊生，再三地分析五蘊、十二處、十八界，最後在內心觀修後產生本質爲空的定解。因爲現在講解「因無表相」的法，所以再講述一次五蘊、十二處、十八界。

在空性的教法之中一開始就談到無色。色蘊一定要有形狀和顏色，如果我們直接去分析色法，它是沒有形狀、也沒有顏色的，也是自性不成立的，所以沒有色也沒有自性成立的色法。像我們內心所執著的自性成立的感受，那個「受」是苦、樂、捨三種感受，我們內心都認爲苦、樂、捨的感受好像自性成立了，但實際上自性是不成立的。

那麼「法」還有沒有「行」？還有沒有「識」？「識」的意思是了別、了知的能力。眼、耳、鼻、舌、身、意等等這樣的心識其實一個也沒有。分析五蘊到目前爲止的結論是，如果「施設基」都已了不可得，那「施設法」怎麼可能找得到呢？而若「法」的「施設基」本身都不能夠成立，那麼依靠「施設基」所虛構出來的「施設法」又怎麼會自性成立呢？

《心經》中的無有識，指的是色、受、想、行、識五蘊後面的「內六處」，即無眼、無耳、無鼻、無舌、無身、無意。而無色、聲、香、味、觸、法則是「外六處」，內外合起來就是「十二處」；「十二處」就是眼根對色法、耳根對聲音、鼻根對氣味、舌根對滋味、身根對所觸、意根當然是對法，這是「十二處」的「內六處」對應「外六處」，在經歷過分析五蘊的色法之後，再來分析十二處的法就能非常地濃縮。接下來的「無眼界乃至無意識界」，就是屬於十八界的法的範籌。

十八界就是內六、中六、外六交互相應，也就是眼識、耳識、鼻識、舌識、身識、意識屬「內六識」；「中六」指的是六根：眼根、耳根、鼻根、舌根、身根、意根；「外六」指的是：色、聲、香、味、觸、法，合計共十八個稱爲「十八界」，但是在《心經》的行文裡「十八界」只用一個句子就講完了。

本質空、因無相、果無求

無眼界乃至無意識界，無無明亦無無明盡，乃至無老死亦無老死盡。

上述經文所提的「無眼界」，就是無色法，亦即無眼根也無眼識。色法、眼識、眼根叫做「眼界」，界是範圍之意，此三組均是應對關係，然後一直配合到第六意識，所以共有十八個。「無眼界乃至無意識界」講的是十八界。五蘊、十二處、十八界全部都是自性不能成立的。前面所談到的是五蘊、十二處、十八界都是自性成立爲空。譬如以眼界來講，有一個色法，例如瓶子、桌椅等色法，我必須由眼識透過眼根並依賴眼根才能看到桌椅的形像，再依賴眼根透過眼識由第六意識緣取這個眼識，然後第六識才會擇取這個色法好看不好看。所以這個色法的形成要靠這麼多的條件，要緣取一個對境色法，還要靠眼根、眼識、第六意識的幫忙才會產生：這是一個好看的瓶子，或這是一個不好看的瓶子。因爲色法的形成得靠眾多的條件，所以色法本身是無法單獨存的。也由此可證知：色法本身自性不能成立，爲本質空。

用這樣的邏輯推理來做抉擇，這是繼「本質空」的法之後說明「因無表相」的法。

接下來是探討「果無願求」的法。從「無無明」開始就是屬「果無願求」的法。「因無表相」的法是五蘊、十二處、十八界，這五蘊是輪迴的基礎，眾生每一天都在五蘊裡面輪迴，所以就一個因做基礎的部分來講，五蘊之後是十二處，透過內六處跟外六處這個輪迴繼續輪轉，繼續地維持下去，之後的十八界是基本、是種子，讓輪迴能夠繼續維持下去的依靠處就是這個種子。所以把五蘊、十二處、十八界全歸納在因的範圍裡面；因此如果因的法本身是自性相不能夠成立的話，靠此法成形的果，當然自性相也是不能夠成立的，所以後面才須討論到果。

就三界輪迴而言，五蘊就如同是主體，而十二處如同農田，之後的十八界就有如種子。隨後依著內心表相的執著，執著好或執著壞，而那個對表相的執著就有如長芽的綠苗，會接著蓬勃發展。所以只要內心有表相的執著，那麼輪迴就會蓬勃發展，爲何？因爲若內心執著於這是好的，因此會產生貪心；若執著於這個是壞的，當然就產生瞋恨。所以，對表相的執著就會像綠苗那樣在輪迴中持續不斷輪轉下去。由此推論，如果這些五蘊、十二處、十八界都緣取不到，自性相不能夠成立時，那麼這個就是「因無表相」的法。一切萬法的本質爲空，這部分在前面不斷地被談論到，而空性八義所談的本質爲空，是就一切萬法的「因」而言，就是所謂的「無表相」。

所以剛剛談到五蘊、十二處、十八界全都是「因無表相」的部分，這也是一切萬法的果：沒有願求、沒有追求。因爲法沒有表相，也沒有自性成立、更沒有願求。在果的部分，我們需要再繼續分析輪迴與涅槃的法、十二緣起、四聖諦、佛果等這幾個部分。這些都屬於輪迴的果、萬法的果，這個果的部分是「無願求」，因爲不是自性成立的，所以既沒有自性成立，當然也就沒有可以追求的果。此一部分的內容我們再進一步講解。

十二緣起

輪迴的果，就輪迴跟基礎的法與輪迴跟涅槃而言，其實它們都是靠十二緣起的法；十二緣起所指的就是經文裡「無無明亦無無明盡，乃至無老死亦無老死盡」。這裡要講兩個無明，「無明」與「無無明盡」，加上「乃至無老死」及「無老死盡」，共有四個項目需要研析。

《心經》裡面所講的這四項，剛好就是十二緣起裡的四分類。十二緣起從「無明一直到老死」一共有十二項：無明、行、識、名色、六入、觸、受、愛、取、有、生、老死，稱之爲十二緣起或十二因緣。配合《心經》所講，分成四類來解說。

因爲輪迴與涅槃的法及一切萬法的形成都是靠這十二緣起，所以我們要針對十二緣起好好地來觀修。然而我們要如何針對十二緣起的教法，在實修道路上進行修持呢？在進行十二緣起的禪修時，要運用「二條道路」或者稱為「二個軌則」來做實修的指南。「二個軌則」即為「順出軌則」與「反轉軌則」，順出軌則是指由前往後推理研析，反轉軌則則是從後往前倒推，逐一研析。

《心經》此處所談到的「無無明亦無無明盡，乃至無老死亦無老死盡」剛好和禪修道路的指南相配合，所以在講解如何禪修時，理應要仔細地配合「十二緣起」的「順出軌則」和「反轉軌則」來講述研析。

「無明」是三界輪迴的原因，「無明」是因內心的迷惑與不瞭解。那麼內心的迷惑與不瞭解是如何形成的？形成之後的迷惑與無明又是怎麼造成輪迴？十二緣起便是針對這些問題來做解答。雖然我們沒有足夠的時間逐一講解十二緣起與二個軌則，但我們一定要知道，其重要的結論就是：十二緣起的本身也是自性不成立的，所以才會用一個「無」；那個無明沒有、無明盡也沒有、老死沒有、老死盡也沒有。

在十二緣起的教法中所講的，輪迴的初始原因就是「無明」，而無明就是一個迷惑。如果我們能把無明滅掉，那麼行業就沒有了，也不會造業了；行也沒有了、行的業力當然也不會產生，所以也不會造業；直到最後生老死也沒有了，就自然會證得阿羅漢果。這是針對聲聞乘門的根器者所開示的一個實修道路；而對獨覺的根器者而言，是可以不必依賴其他的善知識幫忙，也可以自己證悟的，行者只要自己到屍陀林裡，觀看骷髏頭參悟，骷髏頭是死亡的表徵，從死亡漸次往前反推老死，思惟老死從何來？從生而來。接著思索生從何來？從有而來。再接著尋思有從何來？從取而來。而取又從何來？從愛而來。從骷髏頭到老死……，如是逐一反推到最前面就是迷惑與無明。這就是屬於「反轉軌則」的禪修方式，行者藉由這種反轉推論來逐一禪修的方式，把自心的無明與迷惑漸次逐一地滅除，就可以證得涅槃的果位，這是獨覺的涅槃。

獨覺根器的行者可以自行依靠十二緣起做實修，最終證得獨覺的涅槃果位。爲什麼獨覺可以不必依賴善知識？因爲獨覺根器的行者，上輩子努力實修已養成修持習氣，所以這輩子可以不必依靠上師善知識。

總言之，迷惑是輪迴的基礎，當透過十二緣起的內容，將每一項迷惑都做徹底的分析，之後所得到的結論都是自性不能成立的。我們所熟讀的《心經》其所陳述的內容，就是這些分析的精華濃縮版；「無無明亦無無明盡」這段落是屬「順出軌則」，「無明」要配合「無無明」，而「無無明盡」則要配合後面的「乃至無老死」。無無明乃至無老死：

因爲從無明、行、識、名色、六入、觸、受、愛、取、有、生、老死，如此相互配合在一起做分析，此爲「順出軌則」的方式。從沒有「無明」然後一直研析到沒有行也沒有識，再一直研析，到最後連老死也沒有；然後因爲「無明」都已沒有了，所以當然地連無明窮盡這個部分也沒有了，故稱「無無明盡」，因爲無明的自性不能成立，所以針對「無明」窮究到盡頭的結論是根本沒有「無明」，所以，當然也沒有無明盡。經過詳細地針對每一個去窮究逐一分析後，發現每一項都是自性不成立的，以上就是《心經》在這個段落所講述之內容的概要。

四聖諦

無苦、集、滅、道、無智、無得、亦無不得。

接著要講述的是關於苦、集、滅、道「四聖諦」的內容，它們是否也是自性不成立？是不是根本也沒有四聖諦呢？我們現在概略性地針對這些疑問來說明：四聖諦裡的「苦」

是果，「集」是因，輪迴的「苦」是果，業力煩惱是「集」同時也是輪迴的因；「滅」是涅槃、解脫，是修持後所得到的果；而「道」是修持成就的原因又或者稱爲方法，以上是四聖諦的內容概要。我們如果也想要對四聖諦的教法做詳細地解釋，也是很困難及複雜的一門功課。

佛初轉法輪的教法內容，主要是教授四聖諦，因此身爲佛弟子的我們，實在有必要學習與明白苦諦、集諦、滅諦和道諦內容各是什麼，但是對於現下的我們在時間不充裕的情況之下，想要詳細講解是滿困難的。不過總而言之，我們需要確定的是四聖諦的苦、集、滅、道本身也是自性不成立的。以苦諦來講，如果苦諦本身是自性成立的話，換言之就是自己不必靠因緣就能存在，那爲什麼說集諦是因呢？因爲就「苦」之因緣聚集的形成而論，苦果本身無法自性成立，必須透過因緣條件的聚集逐漸形成，所以把「集」當因緣來講；同樣地滅諦與道諦也是自性不能成立的，因爲滅諦就是涅槃或解脫，而要達到涅槃或解脫還要依賴道諦來修持並達到此一目標。因此能得到一個結論，就是苦、集、滅、道這四個項目，都是自性不成立的。

無智、無得、亦無不得為果無願求

接著講果位的部分，「無智、無得、亦無不得」。爲何稱「果無願求」呢？此處可以做一個說明：由於我們現在內心都是呈現「有境」跟「對境」互相觀待的情況，就像需要有東邊才會有西邊，一定是互相觀待的，所以「有境」要觀待「對境」，而「對境」也要觀待「有境」；針對「無智」、「無得」、「亦無不得」而論，是否能不觀待於對境，內心就能夠有一個了悟的本智存在呢？沒有，這就是「無智」所要表達的意思。而不用觀待外面的對境，我的內心自己就能有一個證悟的本智存在，這是不會發生的，因爲萬法的自性都是不成立的，所以「無得」就是此意，亦即能夠不必觀待其他的條件就會有一個得到的果存在，這種情形是不可能發生的。也就是說，沒有不必觀待其他的條件，就會原自存在的那個果可以得到。

而「亦無不得」裡的「無不得」所講述的是：因爲在「基」的實相上原本已經有存在的果，所以沒有所謂的「不得到」這個部分；因爲就果位的法而言，原本已有，並非原來沒有，然後是因爲產生新的功德所以得到一個新的果。因爲功德果是自成，而且原來就已經存在的，並非是我需要努力實修，最後才能有一個新的功德果讓我得到。就一切萬法的基、道、果來講，內心產生一個「我要得到」的這種想法是不存在的，因爲是自性不成立，所以並非有一個自性成立的果，而我有一個追求之心想要去得到這個果，所以稱爲「果無願求」。

空性離戲的部分就是我們《心經》所談的內容，而空性的體悟就只能靠自己好好地去思惟，思惟之後好好地去做觀修，這樣就會對自己的內心產生幫助，而不是依靠別人的幫忙或只靠聽聞講授就能體證空性的。

《心經》

禪修精要指導之五

諦聽、善聽

世尊在續部做開示提及「諦聽」、「善聽」時，即表示要開始對聽法者做一講解。當我們在聽聞教法時，要以善的念頭來專心聽聞。聽聞法理時其關鍵要點是：約束身口心三門，並保持清淨不可有壞的念頭。而三門之中最重要的當然是「心」，而內心的關鍵要點爲：去除過去、現在及未來三時之妄念，「心」專注於現在所要學習的「法」上，鬆緊適中地來聽聞教法。若太鬆散則心會渙散、胡思亂想，但若太緊繃則易陷入昏沉、昏昏欲睡之狀態。此外，於聽法時不可交頭接耳、東張西望，所有事情都應放下，要專注於聽聞教法。我們的心識只有一個，故只能專注於一件事情上，因此即便是持誦咒語、轉經輪等，這些雖都是善業，但於聽聞教法時也都必須放下專心來聽聞，此即「諦聽」、「善聽」之意。

《般若波羅蜜多心經》，在基本的科判上，可分爲：見地的抉擇、觀修的要點、果位及行持四個。其中，見地本質的部分我們已講解完畢，現在要進入觀修的要點。

在見地的本質上，也就是見地抉擇所緣的空性四合與空性八義，這些談的都是以「本質空」、「因無表相」、「果無願求」等來做抉擇。而談及「本質空」、「因無表相」時，需要了解五蘊、十二處、十八界，之後抉擇此為自性不能成立，也就是「無我」的抉擇。然後進入「果」的部分，即為「果無願求」，也就是無所追求。「果」基礎的法就是輪迴、涅槃，而輪迴及涅槃都是緣起的法，因此便會談到十二緣起及四聖諦。就果的部分來看，輪迴涅槃無別，此為聖者的道路，是本智所得的果位，此即本智空性方面「法無我」的抉擇。就佛母《心經》而言，其正式的內容及意義在見地的抉擇上主要是「自性不能成立」及「無我」。一般談到「無我」時，有「法無我」及「人無我」兩種，而在《心經》裡主要是談「法無我」，幾乎都沒有談到「人無我」這部分。但因為有談及五蘊、十二處、十八界，因此多多少少也會討論到「人無我」，所以也間接做「人無我」的抉擇，但在正式抉擇時是以「法無我」為主要依據。這些抉擇的次第我們在前面也都已講解完畢了。

前面所講的都是有關見地的本質及抉擇的內容，這些對我們佛教徒而言是非常重要的。身為佛教徒必須瞭解佛教的見地就是「緣起」，行持就是「不傷害」，也就是無害的行持。《心經》特別重視見地，對此也做了很詳盡的闡述，抉擇見地是其主要的內容。就見地而言就是遠離戲論，而遠離戲論就是一個緣起，因為是緣起所以因果不會欺誑，因此若我們就內心施設所形成的這些「法」來做一分析，便能瞭解其自性是不能成立的，此即為見地。此一見地聽似簡單但眞正要去瞭解及實修卻非易事，因其意義是非常深遠的。

經文「無智、無得、亦無不得」所談的是果位，在見地裡果位沒有所謂的得到，也沒有不得到，一切都是本質空、因無相、果無求。

《心經》觀修要點

是故舍利子，諸菩薩眾以無所得故，依止般若波羅蜜多，心無罣礙、無有恐怖，超過顛倒、究竟涅槃。三世一切諸佛亦皆。依般若波羅蜜多故，證得無上正等菩提。

接下來我們要講解的是觀修的段落：「是故舍利子，諸菩薩眾，以無所得故。依止般若波羅蜜多，心無罣礙，無有恐怖、超過顛倒，究竟涅槃。」

前面所談的都是見地的抉擇，也就是在基、道、果廣大的法理上做抉擇，瞭解萬法無所得。假若有一個可得之法，其自性是成立的，那麼我們內心便會產生追求心，希望能獲得解脫的果位。然而事實上這些是不存在的，並無一個我們可以指出的自性成立及可追求的果，因無果位可求，自然就不會產生追求之心；換言之，因為沒有對境的存在，就不會有一個有境的內心去追求。

就意義上而言，無「應斷需斷」、無「煩惱應斷」、及無「應得之果去獲得」等，不落入任何一邊。簡言之，萬法皆空，其自性不能成立之故，不落入常斷，遠離一切邊。然而由於緣起法不滅之故，因此尚有一些緣起法會出現。中觀根本論裡也提到：「不是緣起的法一個也不存在，不是空性的法一個也不存在。」

因此，無自性的法及無自性的果仍然要顯現出來。所以一切法雖自性不成立，但由於因緣條件匯集之故，仍然會顯現出來，此即顯而無自性。菩薩們因為對於這些都已深刻瞭解，所以能安止於甚深寂靜的空性法界之中。寂天菩薩於入菩薩行論中也說：「某時實有非實有，不安住於心之前，彼時無其他形象，無所緣取最寂靜。」這是在解釋：一切實有的法及非實有的法，我的內心都不安住於裡面，假如我內心緣取於某個法，便會出現一個形象，然而若我內心無緣取，那麼自然就沒有形象了。內心若無形象，當然就是最爲寂靜的空性法界。

那爛陀寺的三行者：寂天菩薩

《心經》裡談到的依止般若波羅蜜多就是這情況，雖安住在甚深的法界之中，但也不會去阻礙緣起的法，一切是顯而無自性，此定律不會破壞。關於這點有個故事：寂天菩薩在那爛陀寺時被稱爲三行者，因爲只會吃喝、拉撒、睡，除此三件事外不會做其他事情，因此寺裡的人都輕視他、不喜歡他，所以給了他三行者的封號。但因爲他是出家人，依規矩出家人無過失是不能逐他出寺院的，因此寺裡的人便想了個辦法，請寂天菩薩來講解佛法，若講不出來便可趕他出寺門。於是特別設了一個非常高的法座請他上座講法，寂天菩薩上座後便講了《入菩薩行論》，他從第一品〈功德利益品〉開始逐品講說，當講到第九品〈勝慧品〉這段「某時實有非實有，不安住於心之前，彼時無其他形象，無所緣取最寂靜。」時，因爲內心進入甚深寂靜的法界當中，便消失於空中了。

《心經》的意義便在於這個偈文的涵義，故此偈文非常地重要。寂天菩薩所唸誦的這段偈文講的是：無所要瞭解的對象，也無所要瞭解的內心，因此內心無緣取的對境，故稱之為無所緣取最寂靜。

等置階段、後得階段

因此，「依止般若波羅蜜多」即為觀修的要點，上座時之禪修，稱之為「等置階段」的觀修。而「心無罣礙，無有恐怖」則為「後得階段」，是下座出定後的禪修。

要讓上座時的入定的力量、本智的力量於下座後繼續維持下去。下座後要視一切如幻，來進行後得的行為，也就是把如幻士夫之觀念融入生活的食衣住行當中。由於安住在上座之見地，並且下座後能如幻士夫之故，因此對於所遇到的色聲香味觸等均不會產生「相執」，不會緣取對境，不會有「表相的執著」了。

如幻禪定、勇健禪定、金剛喻禪定

一般將禪定分為三個階段：如幻禪定、勇健禪定、金剛喻禪定，也稱為如幻等持、勇健等持、金剛喻等持，這都屬於後得階段，此三個階段須不偏頗如實而做。

此後得階段禪修之關鍵要點及次第爲：

首先，對於上座等置階段時的見地能在下座後仍要堅定、不渙散、不動搖地繼續維持下去，此稱之爲「保任」。上等者，其上下座可做到毫無差別，此稱爲「等後無別」。

若我們尚達不到這境界，則至少於下座後其見地要能維持不動搖、不灰心、不沮喪，對於一切萬法沒有表相的執著，此即「如幻禪定」。

接著，若能在此見地上安住，無論何時都將不會害怕，此即《心經》上所講的「心無罣礙，無有恐怖」，此即爲「勇健禪定」。

由於內心能保任於法界的見地當中，內心見地堅定且強烈，故此便能由五道十地逐步往上升級，內心的證悟也將由初地、二地、三地逐漸進步，到最後則有修與沒修是無差別的。我們現在於上下座時會有差別，是因爲被細分所知障所阻礙。當我們最細分的所知障都斷掉時，便是等後無別，即「學道位、修道位」，達到「金剛喻禪定」，而成就佛果。

當證得初地，也就是「見道位」時，雖然已可稱之爲「等後無別」，但其仍有粗分及細分之別。當就此三個階段的禪定持續做實修時，其等後之別會愈來愈小。當達「見道位」現證空性法界時，其下座後當然也別於一般人，不會有表相的執著，此即如幻禪定。

然而於此階段其細微部分之等後差別仍然存在，仍尚未徹底究竟。舉喝水爲例，當喝了一口水，試問是否有喝到水？當然是有喝到。但有把整壺水都喝掉了嗎？並沒有。所以不能說他沒喝到水，因爲他確實有喝到水。同理，從「見道位」證悟「法無我」開始，雖已達到上下座無差別，但仍很粗糙，之後必須再經過不斷禪修後便會愈來愈微細、差別會愈來愈小，障礙會慢慢斷除，最後達到徹底究竟。這好比正露丸或熊膽，把它放入碗裡後再取出，該碗即使洗過數次仍然會殘留味道，需將空碗放置很久之後味道才會慢慢消散。也就是說即便「法我執」、「人我執」等之應斷已斷，但其習氣、習性則尚不能完全斷掉，此斷除過程仍然需要經過很長的時間。

見無所見、修無所修、行無所行

爲了完全斷掉細分之差別，須透過前面所講的三種禪定來逐步做觀修，首先要對般若法性、空性的意義有現證，之後須地道圓滿，然後逐漸達到究竟。當達到究竟時，道果已無差別，見地本身已不能成立，觀修本身也不能成立，也就是所謂的「見無所見、修無所修、行無所行」了。白話講就是：沒有看到所謂的見地、也沒有所謂的禪修及行持。

般若的行持觀修：無見爲最勝見、無修爲最勝修、無行持爲最殊勝之行持。

經文裡的「心無罣礙，無有恐怖」便是在講觀修，因爲談及觀修便會附帶談到行持的部分。而《心經》談的觀修是「無見爲最勝見、無修爲最勝修、無行持爲最殊勝之行持」，至此已包含到行持了，接著便會進入「果」，也就是經文：「超過顛倒、究竟涅槃。」果的部分是配合五道來講述，「超過顛倒」爲資糧道及加行道，是安住在自性不成立的見地，也就是空性法義上，因此能超過顛倒，但仍屬世間凡夫；接下來是「非常超過」，也就是「見道位」，這是指已超過凡夫成聖者了；再接著是進入「究竟涅槃」，是「修道位」，其分爲二地至十地，之後自然便會證得佛果，所以是快達到涅槃了。此句的「究竟」便是指佛果，是「無學道」。

經文「三世一切諸佛亦皆依般若波羅蜜多故，證得無上正等菩提。」此爲總歸納，當五道逐步達到後便能證得無上正等正覺。所以總結來說，般若波羅蜜多就是慧度，是空性慧、了空慧。就布施、持戒、安忍、精進、禪定五度而言，若無了空慧之攝持則不能稱之爲「度」，「度」是指度到彼岸、成就佛果之義。布施時若無了空慧的三輪體空之攝持，則不能稱爲布施度，因爲無法得到佛果，其他四度也是。因此，三世諸佛都須靠般若波羅蜜多之慧度才能成就佛果。

心經咒語的功德

舍利子，是故當知般若波羅蜜多大密咒者，是大明咒，是無上咒、是無等等咒、能除一切苦咒、真實無虛故知般若波羅蜜多是祕密咒，即說般若波羅蜜多咒曰：

爹雅他　嘎諦嘎諦　波羅嘎諦　波羅僧嘎諦　菩提薩訶。

接下來經文談的是行持的部分，這要配合咒語來行持，因爲密咒乘門其成就佛果較迅速。上述經文提到的「大明」，指的是無明無知的反面，也就是一切都能通達明白，所以稱之爲大明。然而此處主要指的是「覺性本智」，也就是對於法界及輪迴涅槃無別之意義都能明白並瞭解。一般凡夫因爲對於法界及輪迴涅槃無別之意義不瞭解，所以才會產生迷惑、執著，其實本來沒有一個「我」存在，但卻執取五蘊而形成有「我」之存在。萬法不是諦執成立，卻因執取萬法而成爲諦執成立，認爲這些都是「我」。

「般若波羅蜜多大密咒者，是大明咒，是無上咒」，此文是在說明咒語的作用是讓我們能夠明白實相眞理，所以沒有比這咒更加殊勝的咒了。「無等等咒」指的是透過此咒能使我們證得佛果，我們因迷惑無知所以無法證得佛果，現在經由此咒語讓我們能證得佛果。「能除一切苦咒」是指能斬斷一切輪迴的根本，因爲輪迴的根本就是煩惱與無知，透過這咒語可以斷除我執，痛苦自然也就沒有了。「眞實無虛」意指能得到恆常堅固的安樂，因爲是恆常、堅固所以不是虛假的，法性眞諦「空性」，才是「眞實不虛假」的，也就是說「因不虛假，故應知眞諦」。

咒語：「爹雅他　嘎諦嘎諦　波羅嘎諦　波羅僧嘎諦　菩提薩訶」

此咒語的解釋眾多，其最廣泛及最易懂和最易被接受的解釋是：「爹雅他」爲銜接文，非咒語之一部分，譯成白話文是「如此」、「就是這個樣子」；此法本中的咒語沒有放入「嗡」，有的法本會放，此「嗡」字爲開頭字，許多的咒語在一開始也都會有這「嗡」，此字可有或無，若咒語本身沒有這字也可以自己加上，放「嗡」字主要用意是有引出吉祥或祝福的作用。

「嘎諦嘎諦　波羅嘎諦　波羅僧嘎諦　菩提薩訶」才是眞正的咒語，是配合五道。「嘎諦」是印度話，是我們中文的「去吧」之意；「波羅嘎諦」是「去到對岸」；「波羅僧嘎諦」中的「僧」是「純正」之意；「菩提」是「佛果」；「薩訶」是「基礎」、「奠定基礎」。

「嘎諦嘎諦　波羅嘎諦　波羅僧嘎諦　菩提薩訶」整句咒語意爲：去吧！去吧！去得到資糧道、加行道，證得見道位成爲聖者，跳離輪迴，去到此世界的對岸，證得修道位奠下成就佛果之基礎。

當我們瞭解咒語的意義之後再唸誦咒語，其利益及福報便非常廣大。依照傳統，《心經》須每天至少唸誦一遍，但若太忙沒時間唸誦則至少要持此咒語，因爲此咒語已包含了《心經》全部之關鍵重點。

大悲觀音的諄諄告誡

接下來是大悲觀音的諄諄告誡，鼓勵大家好好努力學習及實修，要脫離三界輪迴之痛苦，沒有比這更加殊勝的方法了，大家只要靠著慧度並配合密咒乘門努力實修便能成就佛果。

舍利子，菩薩摩訶薩應如是修學甚深般若波羅蜜多。

此句意：應當要好好地去學習並依止般若慧度的了空慧，不論你是在下乘或上乘的道路上，也都要如是地去努力學習。此句爲觀世音菩薩告訴舍利子的話，但這也是佛陀所曾開示過的：「若要學習聲聞的道路，要依止佛母；若想學習獨覺的道路，也要依止佛母；如果是要學習菩薩的道路，也是要依止佛母。」而佛母便是般若波羅蜜多了空慧。

以上是世尊進入甚深禪定時加持大悲觀世及舍利子的宣說語，之後才是世尊出定後親口宣說歸納文。

歸納文

爾時，世尊從彼定起，告聖者觀自在菩薩摩訶薩曰：

善哉！善哉！善哉！善男子如是如是，如汝所說。彼當如是修學般若波羅蜜多，一切如來亦當隨喜。

時薄伽梵說是語已，具壽舍利子、聖者觀自在菩薩摩訶薩、一切世間天、人、阿蘇羅、乾闥婆等皆大歡喜，聞佛所說，信受奉行。

經文「爾時，世尊從彼定起，告聖者觀自在菩薩摩訶薩曰：善哉，善哉！善男子！如是，如是！如汝所說。彼當如是修學般若波羅蜜多。」此處連著說了二次「善哉」，第一個「善哉」是世尊對大悲觀音講的，表肯定大悲觀音就其本身智力所得的證悟，其內容是是完全正確的。第二個「善哉」則是指世尊對大悲觀音爲利益眾生把自己的了悟說出來，這也是很好的。世尊會連說二次「善哉」是因爲：一個是針對大悲觀音自己的證悟、一個是針對大悲觀音爲了利益眾生而做說明，這二件事都非常好，這是稱許大悲觀音。

「善男子！如是，如是！」此處的「善男子」是指在場的調伏眾，「如是」意爲大悲觀音所講的內容解釋完全正確。

「如汝所說，彼當如是修學般若波羅蜜多，一切如來亦當隨喜。」此句意爲：不論是現在或未來的調伏眾，都應依你所說的去做實修，如此便能證得佛果，三世一切諸佛必然也非常高興並隨許於你。

之後是集結者所寫的後記，經文「時薄伽梵說是語已。具壽舍利子，聖者觀自在菩薩摩訶薩，一切世間天、人、阿蘇羅、乾闥婆等，聞佛所說，皆大歡喜，信受奉行。」此爲隨許宣說。

就空性上的意義而言，一般談到空性大部分的解釋是「不生不滅」、「不來不去」、「遠離四邊、八邊、十六邊、一切邊」，這在解說時似乎很容易，但內心眞正要了悟卻很困難。因爲在談論這些時許多人很容易誤解爲是一切無，尤其《心經》中講無色聲香味觸，大家更易誤解爲猶如茶杯內沒有水、碗裡沒有米、盤內無水果，什麼東西都不存在。這想法是不對的。雖然要眞正瞭解空性沒有這麼容易，我們還是要學著觀修，因此要配合《心經》來修空性，首先先以一個「法」來做基礎，也就是從自己的身體開始。我們投生爲人是靠五蘊爲施設基所施設出來的，這就是「補特迦羅」的意思。人把五蘊當做依靠處，把心識當成能依者。人的心識是非常殊勝的，因爲它能言知義、會分析，這只有人才能做到。因此，就如《心經》前面所談到的，要安住在甚深的禪定當中，對空性做實相的分析。首先就是用自己的身體來分析，如此慢慢就能夠對空性有所瞭解。

倘若我們是投生於畜生道、鬼道、阿修羅道等等，那些道的眾生其神識是無分析能力的，雖然人會有生老病死之痛苦，但因爲人有思惟之能力，可透過思惟法義後做禪修，這只有人才能做到，這就是能得人身的殊勝難得處，也是爲何會說人的身體會比天神更加殊勝之故。天神是列入八無暇之一，因爲忙於享受五妙欲所以其心識是渙散的、是無法片刻安住的，除非是靠佛的加持或變化示現。

而人的心是可以受控制、身體是適當的器皿。然而因人的壽命短暫而法的意義深遠，因此若以配合論典之方式來實修空性，要在這麼短的時間內把五道十地的理論通盤瞭解，對四部宗義所談的見地觀修、空性等做一廣大學習及禪修，這是十分困難且不易達到的。因此我們改採直接禪修之方式，透過禪修來引發覺受。

直接觀修之方式

空性的意義是遠離戲論，一切萬法是緣起所形成的，因此我們從五蘊中首先就緣取色法，也就是用身體這一項目來做分析及理解：瞭解身體是因緣會合所形成的、是自性不成立、其自性不成立之因及其助緣爲何等等。對以上這些在《心經》上所談的來好好逐一做分析、理解及做抉擇，慢慢地就會有覺受產生，此即爲直接觀修之方式。

覺受以白話來講就是切身的經驗，也就是常聽到的「如人飲水，冷暖自知」。當覺受產生後，導入於日常生活中的衣食住行來做串習，如此其覺受便會逐漸進步。當我們現在有這順緣可以聽聞《心經》，也順著自己的能力瞭解其意義，又有機會做觀修，因此要好好把握機會。不要等到自己將來若是遭遇困境時，由於當下面臨很大的壓力和急迫性，那時想要思惟空性的意義就非常困難了。

一般而言，當佛在開示教法時不論是有形體的眾生，例如：人，或無形體的眾生，如：食香、天神等，甚至中陰眾生，他們都會來聽聞教法，這是因佛陀大悲加持之故。這些眾生是與佛宿世有緣分之弟子，只是現在投生於天界或龍國等非人道處，因此世尊便會用神通威力加持，將他們聚集在一起來聽聞佛法。如《心經》所提到的：「一切世間天、人、阿蘇羅、乾闥婆等，皆大歡喜，聞佛所說，信受奉行。」

不過雖然祂們都能來聽聞教法，但是否有能力做實修就無法確定了。佛陀曾開示過，佛會用各道不同的語言來開示教法，如：天神的語言、人的語言、龍的語言、乾闥婆的語言等；雖然上師現在沒有像佛陀這樣的能力，但當上師在做開示前，會做如是的觀想並努力祈願：願上師開示時能變成各道眾生各自的語言，讓各道眾生都能因聽聞而理解信受。至於所開示之教法是否能對眾生產生利益及利益能多大，這端視眾生本身累積資糧及消除罪障之差別了。

在此講一個事蹟：佛有一次在開示教法時，有一位名爲艾列搭的龍王變身爲人，示現爲轉輪聖王來聽聞教法，其全身掛滿金銀珠寶，衣冠楚楚十分威嚴，然而佛陀開示：「凡是今天來聽法的人均須以本來面貌來聽聞教法，須現出原形不可變成其他樣貌。」由於艾列搭其原貌是一隻非常巨大的龍，其頭頂有一棵數丈高之大樹，這樹非常高大因此會隨風向而偏倒，也因樹長得非常茂密，所以有非常多的飛禽於此樹上結巢，龍王因此苦不堪言。而當艾列搭龍王聽到須以本來樣貌聽法時，只好現出原形，結果因其長相太過可怖而嚇跑許多聽法眾。

佛陀此時便告訴大家：「無需害怕，他是龍王不會傷害大家。」當大家驚魂甫定回至佛陀座前時，對於龍王爲何頭蓋骨上會長一棵巨大的樹頗爲好奇，便請示佛陀。佛陀便說明其原由：艾列搭於迦葉佛時代是一位比丘，依戒律，比丘每月均有誦戒法會，若有過失者此時須於大眾前做懺悔。而這位比丘有一次在前往誦戒法會的路上，途中經過一棵艾列搭大樹，這位比丘的袈裟被該樹勾到，因比丘急著趕路便硬拉袈裟而扯破一大片，比丘非常地憤怒便將樹砍斷丟棄。而依戒律比丘不可以砍樹，因此比丘不僅破戒，且於砍樹後又一直都沒有懺悔，因此在他死後因異熟果報投生爲龍並在頭上長了棵大樹，無時不受到強烈的痛苦。佛陀在講述完龍王的事蹟後，便慈悲加持龍王，此龍王後來證得阿羅漢果位。

這個故事有三個意義，其一：佛陀開示教法時，經常是天、人、阿修羅等各道眾生聚集聽法，並非只有人類。

其二：不論是對有心識者或無心識者均不可生氣。假若對有心識者生氣，例如對人生氣，這不僅是自己的過失，也會因怒罵對方而擾亂對方之內心，且若對方因而生氣並回罵，這樣也算是我們的過失，因此生氣是會形成兩種過失。

故須知，無罪過於忿怒、無福過於安忍。此外，即便對無心識者也不能生氣，就如艾列搭的故事，當時比丘生氣的對象是一棵大樹，但仍會有異熟果報。

其三：若無了空慧之攝持，所有的布施、持戒、安忍、精進、禪定等不能稱之爲「五度」，即使有實修也無法獲得解脫、無法獲得佛果。好比這故事的龍王，他原本是一位比丘，他雖然守戒律但因無了空慧、三輪體空之攝持，最後仍然墮入地獄、惡鬼、畜生三惡道之一的畜生道成爲龍王，也就是說即便一生都努力做實修，但無了空慧的攝持最後仍然會墮入輪迴無法獲得解脫。

附錄

迴遮儀軌內文

皈敬　頂禮上師　頂禮佛　頂禮法　頂禮僧

頂禮 般若波羅蜜多佛母，願我之真實語成辦，

如同往昔天帝帝釋內心思惟甚深般若波羅蜜多之理，

口誦詞句，依此迴遮邪魔等一切不順違礙。

如是我亦內心思惟甚深般若波羅蜜多之理，

口誦詞句，依此邪魔等一切不順違礙皆令迴遮。

令無有、令平息、令完全平息。

諸法依緣而生起，無有壞滅亦無生，
無有斷滅亦無常，無有從來亦無去，非是差異亦非一。
教授息滅戲論者，圓滿佛陀眾說之，聖者於彼我頂禮。

（迴向發願誦吉祥偈　出自敏林法行次第顯明解脫道）

特別提醒：修持迴遮法應有的菩提動機及觀修

一般而言，修習迴遮法非常困難，因爲若無上乘的證悟則無法達到驅除鬼怪邪祟功效。於實修上，大家應當先修好寂靜法產生威力之後才能修威猛法，這也是爲什麼金剛盔甲、威猛上師金剛童子等均歸爲同一類之威猛本尊法。

因此，大家目前只能藉由唸誦這些詞句來產生一些利益。此外，假若是用瞋恨憤怒之心來修迴遮法，一心想把鬼怪邪祟趕走，這不僅是一個很大錯誤的想法，也很可能會累積自己的罪業。現在大家在唸誦這些詞句時應配合《心經》內文如是想：實相上一切萬法皆自性不能成立，這些只是外表顯現爲鬼怪邪祟。從勝義諦自性不能成立的角度來看，並無所謂「傷害者」及「受傷害者」，也無「能驅逐者」及「被驅逐者」，要安住在如是的法義見地之上來唸誦這些迴遮法的詞句，如此方能獲得修此迴遮法之利益。

猶如法本詞句上所陳述的：天帝帝釋如是思惟般若波羅蜜多的意義，然後唸誦迴遮詞句來迴遮鬼怪邪祟及使順緣達成、逆緣消除。

談迴遮法前先來談一下本尊法，在生起次第之本尊法裡有一個「度脫法」，迴遮法其實就是屬於「度脫」之類型。一般要「度脫」之對象必須是十惡不赦者，且修法者必須要有能力將「被度脫者」之神識遷引至法界淨土裡，如此才能對「被度脫者」產生幫助。因爲修法者對於無自性之法義空性已產生覺受，修此法時則不會產生所謂「能傷害者」及「被傷害者」，此情況下便能修成度脫法。反之，假設修法者無法安住在無自性之法義空性裡，修此法時則有「能傷害者」及「被傷害者」之關係產生，那麼對方就會變成受傷害者，這樣是會造業。

因此，以我們目前之程度必須如前所述：實相上一切萬法皆自性不能成立，這些只是外表顯現爲鬼怪邪祟。從勝義諦自性不能成立的角度來看，並無所謂「傷害者」及「受傷害者」，也無「能驅逐者」及「被驅逐者」，要以這方式去思惟。如前所言迴遮法是屬於度脫法之一，而度脫法在生起次第裡有殺壓拋三種：殺害、壓制、拋擲，然而若要眞正修度脫法，修行者必須於生起次第有些證悟，才能以度脫法來迴遮。

在修此迴遮法時，我們要如《心經》所談到的：不要有表相的執著。不要執著於對方是眞正的仇敵，要在此思惟之下來唸誦詞句及擊掌迴遮。擊掌時觀想：兩手掌心分別表示天的太陽及表示地的月亮，透過擊掌粉碎自己的障礙、壽命福報增長增廣、實修佛法的障礙能止息，特別主要是針對自己頑劣的內心、貪瞋癡三毒等，能透過擊掌而消除。然而倘若現在是因爲有個對象經常來傷害我，且其態度惡劣，爲了保護自己所以要來修此迴遮法時，修法時要先瞭解：這是因緣條件之故所以對方才變成我的仇敵，是因爲我不瞭解空性實相之故所以將其視爲仇敵。在此思惟下把對方視爲悲心的對象，再來修迴遮法，並祈願對方也能因爲了解實相而態度改變。

此外，亦不能怪對方，因爲對方是受其自身內心煩惱之控制而不能自主，因此倘若執著於把對方當仇敵而憤怒生氣，則是自身的錯誤。須瞭解一切是自性不能成立，且所有眾生皆曾是我們的父母親，他們也曾愛護照顧過我們。我們會憤怒生氣是自己內心頑劣習氣之故，所以在執取對象之後，透過擊掌粉碎對方及自己內心之頑劣習氣，逆緣與障礙亦皆粉碎。大家要以如上所述思維來修迴遮，如此便能獲得利益。

修持《心經》迴遮除障儀軌時，從《心經》皈依發心文第一行唸誦至「聞佛所說，信受奉行」，接著唸誦《心經》咒語二十一或一〇八次等，接著唸誦「皈敬　頂禮上師　頂禮佛　頂禮法　頂禮僧」一直誦到儀軌內文的「一切不順違礙皆令迴遮，令無有、令平息、令完全平息。」

若無足夠時間唸誦整部《心經》迴遮除障儀軌時，可只唸誦頌文「諸法依緣而生起，無有壞滅亦無生，無有斷滅亦無常，無有從來亦無去，非是差異亦非一，教授息滅戲論者，圓滿佛陀眾說之，聖者於彼我頂禮。」然後多持誦心經咒語，因爲這段頌文就是《心經》最重要的意義。

修《心經》迴遮時觀想釋迦牟尼佛及其眷屬於前方虛空，三十二相八十種好莊嚴無比；在唸誦《心經》時其實應該是觀想般若佛母，佛母心坎有咒語圍繞。但是現在是修迴遮，所以是觀想釋迦牟尼佛，於唸誦咒語時觀想釋迦牟尼佛眉心放射白毫光。其毫光是釋迦牟尼佛內心的資糧道、加行道、見道、修道、無學道，此五道之證悟在了空慧攝持下由眉心射出，其白毫光芒萬丈並射入我，我因而獲得十方諸佛的大悲加持攝受，所有逆緣及障礙均消除，將來必能獲得五道之證悟及地道功德而成就佛果。

般若波羅蜜多了空慧的意義已配合《心經》初步講解圓滿，若要如理如實完整且深入地去瞭解《心經》的意義非常困難而且要配合長期實修，般若波羅蜜多了空慧的意義非常地重要，這點大家一定要明白，一定要學習！由於我們此次能講解的時間有限，所以也只能初步簡單扼要做講解，希望對大家有所幫助。

祝福大家，吉祥如意。

舊譯寧瑪巴派伏藏王多傑林巴傳承介紹

舊譯寧瑪派伏藏王多傑林巴是大日如來的化現，於釋迦牟尼佛時代，示現為阿羅漢弟子阿難。之後，其身、語、意、功德、事業，在不同時代分別曾經示現為大博士、大譯師、大成就者。在藏王松贊干布時代，阿難尊者轉世為博學者敦彌桑布扎，他創立藏文並被派去印度取經及學習梵文，是第一位將梵文典籍翻譯成藏文的人，更使佛法得以在西藏扎根及發展及傳承。敦彌桑布扎圓寂後，轉世為比丘布那，再轉世為大譯師貝洛扎那，再轉世為寧瑪新給，再轉世為龍松大博士，再轉世為大伏藏師多傑林巴。

大伏藏師多傑林巴為五大伏藏師中的東方伏藏師，於西元一三四六年生於西藏衛區札朗溫孜，圓寂於西元一四〇五年。父親是密咒乘禪修士庫敦索南賈欽，母親為噶摩賈。多傑林巴伏藏師一生共親見蓮師二十五次，是不丹重要的寧瑪傳承者。多傑林巴教法極為密純，修行者多閉關實修，鮮少廣揚大眾。

多傑林巴伏藏師在七歲時於邦雄天山拜見釋迦賈欽，取得沙彌戒，立誓守護十學處及其所屬三十三種戒。隨後依止諸多弘法正士，並廣大聽聞新舊密咒正法。十三歲時，已親自拜謁蓮花生大士達七次，並如當年五大伏藏師之一——古魯卻旺，在其伏藏紙所預言一般，多傑林巴伏藏師於昌珠縣的一尊開口度母像的後背取得「三根本禪修法」，他還迎請取出了略品禪修法的紙簽、猛咒、百部精華術等等甚深大伏藏。

十五歲時，於錦達白唵岩洞開啓伏藏門，進入一間極爲寬廣的禪修洞，鄔金大士瑪哈古魯（蓮花生大士）親自降臨，啓建壇城、賜給金卷並授予口傳及灌頂，令其心續成熟。隨後鄔金大士又賜予諸多伏藏物品，如代表身像成就的祥燦、四卷上師法、百頁珍寶黃色經卷、四個盛滿長壽甘露的長壽寶瓶及嘎屋等懷攝物作爲累積福報之贈禮。除了鄔金大士親贈的伏藏物，多傑林巴伏藏師亦取出其它眾多伏藏，包括《百品遺教》、《勝法瑪哈悉地續》、《父續廣大見地》、《母續明界日續》、《空行再滴日月續》、《無遷樂空相合子續心滴》等十法類，以及密集四法、八支法等等。

多傑林巴伏藏師在珍珠水晶班公湖迎請伏藏法「實修導引法類」十部，在本塘慈氏佛殿長壽洞親自拜謁耶喜措嘉空行母，且獲加持長壽水。之後，在尼泊爾揚列雪聖地取得禪修物、法藥及赤松德贊法王與耶喜措嘉空行母之寄魂璁玉寶珠願成等伏藏。此外，也在各主伏藏地取得四十三種大伏藏與無數小伏藏，在各支分伏藏地取得百八伏藏。當多傑林巴伏藏師在聖地桑耶青埔取得甚深伏藏時，他第十三度拜謁鄔金大士。

多傑林巴伏藏師在眾人護持下，於弄嘰梅措的凶險岩洞處舉行了八教大法會。當時，當拉山的護法神集合了雪國重要神魔，一起祈請多傑林巴伏藏師對彼等眾傳授灌頂。在灌頂修法圓滿後，所有參與修法大眾得以在多傑林巴伏藏師的變化示現下，抵達八大屍陀林之一的清涼林處，並拜見八大持明，聽聞八大教誡。

伏藏師多傑林巴所取出的伏藏物，除上所述，尚有在類烏齊取得種姓主金剛薩埵佛像、在拉薩寶瓶柱內取得悲心形體十一面觀音像與檀香聖度母像等等無價身像。此外還有七世丸、如意誓言物等種種財物伏藏、大圓滿法金匙、達毗悉吉耳傳廣中略三品、療病醫方……等。經由這些伏藏物，多傑林巴伏藏師得以進行廣大利生事業。當多傑林巴在取得法伏藏根本金卷、財伏藏、物伏藏時，皆爲眾人親眼目睹，在迎請所有伏藏時，鄔金大士、耶喜措嘉空行母、大譯師貝洛扎那等聖眾都示現聖容，並賜予灌頂與教誡。

當年鄔金蓮師在啥布隴、喀曲、秀對帝卓諸聖地，進行了一百零八次火供與鎮壓法等法事，使西藏得以安樂。同時，蓮師爲了加持當代及後世修行者，親自抵達西藏洛札縣及不丹的帕羅達倉、本塘鄔堅法洲等等聖地，並在岩石上留下清晰手印、足印。多傑林巴伏藏師也於聖地，取出大譯師貝洛扎那的身像。

多傑林巴伏藏師圓寂後留下廣大遺教與授記，火化後留下無數舍利，作爲後世信心依靠處。其一生有許多不同的名號，如多傑林巴、貝瑪林、袞炯林、絳巴卻吉謝念、永仲林等。他所取出的伏藏法極多，總歸納爲「師、圓、悲」三大類：

【師：上師法類】屬蓮師實修法，此伏藏是多傑林巴在西藏取出，又分爲寂靜上師實修法「上師語集」及忿怒上師實修法「金剛盔甲」二大類。

【圓：大圓滿法類】典籍有三：《大圓滿父續見地廣境》（藏音爲：卓千帕舉答哇龍樣）、《母續十類心滴》（藏音爲：瑪舉寧體構具）、《無二續日月和合》（藏音爲：義美給舉寧答卡就）。

【悲：大悲觀音法類】有普救惡趣觀音、勝海觀音、心要總集、深要總集，共四大類。心要總集、深要總集取自西藏；普救惡趣觀音（藏音：涅頌坤究），取自不丹布薩旺度寺（Busa Wangdue Goenpa）附近聖地（Wangdue Bei-Yu Langda Nei）；勝海觀音（藏音：甲哇獎作）取自不丹布薩旺度寺後方的嗡湯聖湖（Tshomo Omg Tang）。

伏藏師多傑林巴所留下的殊勝灌頂、口傳、講解等教法，在西藏及不丹弟子們的努力之下，代代相傳未曾散失或中斷。多傑林巴伏藏師共有十一位主要子嗣，這十一個家族遍布於不丹各地，傳承的子嗣也代代守護著寺院。

堪祖蘇南給稱仁波切所主持的不丹布薩旺度寺（Busa Wangdue Goenpa），是由布薩祖古第一世聰美札西天津尊者所創建，尊者為多傑林巴的後代子嗣，也是多傑林巴的心子傳承布薩祖古（Busa Trulku）第一世。布薩祖古傳承從第一世至今，已至第十一世布薩祖古，布薩旺度寺均由多傑林巴伏藏王之子嗣守護著。

在眾多伏藏法派系裡，多傑林巴和貝瑪林巴一直以來都非常親近。伏藏師貝瑪林巴與伏藏師多傑林巴生於同個時代，多傑林巴較年長，貝瑪林巴較年輕，雖然二位伏藏師年紀相差甚遠，但互動頻繁且親密。他們的關係像父子、家人，或為師徒互相學習。當多傑林巴在世時，貝瑪林巴曾於多傑林巴座前獲得多傑林巴教法。因此，當多傑林巴圓寂，並轉世為丘登袞波時，丘登袞波去拜見貝瑪林巴，並從貝瑪林巴尊者前獲得多傑林巴教法及貝瑪林巴教法的灌頂及口傳。自此，多傑林巴法及貝瑪林巴法便相互流通。在多傑林巴的教法中，有些灌頂指導是從貝瑪林巴處獲得；同樣的，貝瑪林巴的教法中有些則是從多傑林巴取得。因此，多傑林巴伏藏法的靈魂核心「師、圓、悲」三大類，與貝瑪林巴的師、圓、悲三法類非常類似。

第十一世布薩祖古轉世　堪祖蘇南給稱仁波切

法脈傳承

一、頂果欽哲仁波切傳承：甘珠爾佛說部口傳；教誡藏灌頂、口傳及指導。
二、貝瑪林巴傳承：五大伏藏王之一，全部之灌頂、口傳、指導。
三、多傑林巴傳承：五大伏藏王之一，全部之灌頂、口傳、指導。
四、吉美林巴傳承：全部之灌頂、口傳、指導。
五、寧瑪派頂果欽哲仁波切、崗頂仁波切、貝諾仁波切大圓滿傳承。
六、竹巴噶舉第六十八代傑堪布天津．通度大圓滿傳承。

伏藏王多傑林巴心子轉世布薩祖古

尊貴的堪祖蘇南給稱仁波切（Busa Trulku 布薩祖古），出生於不丹布薩旺度寺

（Busa Wangdue Goenpa），仁波切同時擁有多傑林巴血脈及法脈傳承。仁波切年幼時即能認出前世隨身物品，當時多傑林巴傳承持有者阿嘉浪（Aja Lam）大上師，在依種種善妙徵兆與禪定淨觀後，認證蘇南給稱仁波切爲第九世布薩祖古朋措多傑（Lam Phuntsho Dorji）之轉世。布薩祖古朋措多傑是多傑林巴之心子聰美札西天津的殊妙心滴傳承持有者，布薩旺度寺是由布薩祖古聰美札西天津所創建。

多傑林巴傳承佛學院「顯密善說增廣洲高級佛學院」

布薩旺度寺原以禪修閉關爲主，但爲培育僧材、弘揚佛法及廣揚多傑林巴伏藏法，於西元二〇〇〇年時開始著手籌建佛學院。尊貴的賈札仁波切特命名爲「顯密善說增廣洲高級佛學院」。自此，布薩旺度寺多傑林巴傳承佛學院正式成立，並由大堪布貝瑪謝拉傳沙彌戒。

仁波切十一歲時，從頂果欽哲仁波切領受甘珠爾與舊譯寧瑪所有教法，於竹巴噶舉寺院學習，並於崗頂梭洛雪卓佛學院取得佛法哲學博士學位。西元二〇〇九年在崗頂仁波切、大成就者雅旺天津仁波切（Lam Ngawang Tenzin），以及雪布教區（Sephu Geog）人民見證下，接掌布薩旺度寺院，成為大住持仁波切（Lam）。

除原有布薩旺度寺，堪祖蘇南給稱仁波切目前亦於不丹設立及管裡中小學，高級佛學院、閉關寺廟、多傑林巴基金會（位於不丹首都廷布）、當拉寺（第十世布薩祖古出生地）及當秋寺的尼院。

堪祖蘇南給稱仁波切除任職布薩旺度寺住持，並於西元二〇一三年在台灣設立多傑林巴佛學會，定期主持各項教學、法會、灌頂、千手觀音八關齋戒閉關、禪修教學等。此外，也在台灣發行四張CD：「Music & Joy」、「Awakening 覺醒」、「Good Wishes 祝福」及「大悲千手觀音」。

西元二〇一五年在不丹國王及政府認證下，全球多傑林巴基金會總會正式在首都廷布成立，並設立禪修中心。

多傑林巴傳承分為血脈（子孫世系）及法脈（師徒世系）二大系統，若轉世尚未出生，則寺院暫交由家族管理。在多傑林巴圓寂後，由兒子確應嘉措承接傳承教法之重任。確應嘉措是王臣時代二十五位成就者之一——努欽桑杰耶謝的轉世。基於深弘悲願，祖師們發願再來，其所傳的血脈在不丹傳遞無有窮盡。其中，陸續轉世的有布薩祖古心子第六世邱吉多傑、第七世多傑天津、第八世雪饒宇瑟、第九世朋措多傑、目前的第十世雅旺天津仁波切及第十一世蘇南給稱仁波切，他們都是多傑林巴的家族後代。當中，第七世多傑天津與第八世雪饒宇瑟爲年歲相差甚遠的親兄弟，第十世雅旺天津及第十一世蘇南給稱則爲叔姪關係。

第十一世蘇南給稱仁波切爲第九世朋措多傑之轉世，是現任布薩旺度寺住持，同時管理中小學、高級中學佛學院、閉關中心、廷布中心、當拉寺及當秋寺。現正籌劃新建多林傳承大學佛學院的硬體建設及當秋寺阿尼佛學院。

橡樹林文化 ❖❖ 善知識系列 ❖❖ 書目

JB0001	狂喜之後	傑克．康菲爾德◎著	380 元
JB0002	抉擇未來	達賴喇嘛◎著	250 元
JB0003	佛性的遊戲	舒亞．達斯喇嘛◎著	300 元
JB0004	東方大日	邱陽．創巴仁波切◎著	300 元
JB0005	幸福的修煉	達賴喇嘛◎著	230 元
JB0006	與生命相約	一行禪師◎著	240 元
JB0007	森林中的法語	阿姜查◎著	320 元
JB0008	重讀釋迦牟尼	陳兵◎著	320 元
JB0009	你可以不生氣	一行禪師◎著	230 元
JB0010	禪修地圖	達賴喇嘛◎著	280 元
JB0011	你可以不怕死	一行禪師◎著	250 元
JB0012	平靜的第一堂課──觀呼吸	德寶法師 ◎著	260 元
JB0013X	正念的奇蹟	一行禪師◎著	220 元
JB0014X	觀照的奇蹟	一行禪師◎著	220 元
JB0015	阿姜查的禪修世界──戒	阿姜查◎著	220 元
JB0016	阿姜查的禪修世界──定	阿姜查◎著	250 元
JB0017	阿姜查的禪修世界──慧	阿姜查◎著	230 元
JB0018X	遠離四種執著	究給．企千仁波切◎著	280 元
JB0019X	禪者的初心	鈴木俊隆◎著	220 元
JB0020X	心的導引	薩姜．米龐仁波切◎著	240 元
JB0021X	佛陀的聖弟子傳 1	向智長老◎著	240 元
JB0022	佛陀的聖弟子傳 2	向智長老◎著	200 元
JB0023	佛陀的聖弟子傳 3	向智長老◎著	200 元
JB0024	佛陀的聖弟子傳 4	向智長老◎著	260 元
JB0025	正念的四個練習	喜戒禪師◎著	260 元
JB0026	遇見藥師佛	堪千創古仁波切◎著	270 元
JB0027	見佛殺佛	一行禪師◎著	220 元
JB0028	無常	阿姜查◎著	220 元
JB0029	覺悟勇士	邱陽．創巴仁波切◎著	230 元
JB0030	正念之道	向智長老◎著	280 元

JB0031	師父——與阿姜查共處的歲月	保羅・布里特◎著	260 元
JB0032	統御你的世界	薩姜・米龐仁波切◎著	240 元
JB0033	親近釋迦牟尼佛	髻智比丘◎著	430 元
JB0034	藏傳佛教的第一堂課	卡盧仁波切◎著	300 元
JB0035	拙火之樂	圖敦・耶喜喇嘛◎著	280 元
JB0036	心與科學的交會	亞瑟・札炯克◎著	330 元
JB0037	你可以，愛	一行禪師◎著	220 元
JB0038	專注力	B・艾倫・華勒士◎著	250 元
JB0039X	輪迴的故事	堪欽慈誠羅珠◎著	270 元
JB0040	成佛的藍圖	堪千創古仁波切◎著	270 元
JB0041	事情並非總是如此	鈴木俊隆禪師◎著	240 元
JB0042	祈禱的力量	一行禪師◎著	250 元
JB0043	培養慈悲心	圖丹・卻准◎著	320 元
JB0044	當光亮照破黑暗	達賴喇嘛◎著	300 元
JB0045	覺照在當下	優婆夷　紀・那那蓉◎著	300 元
JB0046	大手印暨觀音儀軌修法	卡盧仁波切◎著	340 元
JB0047X	蔣貢康楚閉關手冊	蔣貢康楚羅卓泰耶◎著	260 元
JB0048	開始學習禪修	凱薩琳・麥唐諾◎著	300 元
JB0049	我可以這樣改變人生	堪布慈囊仁波切◎著	250 元
JB0050	不生氣的生活	W. 伐札梅諦◎著	250 元
JB0051	智慧明光：《心經》	堪布慈囊仁波切◎著	250 元
JB0052	一心走路	一行禪師◎著	280 元
JB0054	觀世音菩薩妙明教示	堪布慈囊仁波切◎著	350 元
JB0055	世界心精華寶	貝瑪仁增仁波切◎著	280 元
JB0056	到達心靈的彼岸	堪千・阿貝仁波切◎著	220 元
JB0057	慈心禪	慈濟瓦法師◎著	230 元
JB0058	慈悲與智見	達賴喇嘛◎著	320 元
JB0059	親愛的喇嘛梭巴	喇嘛梭巴仁波切◎著	320 元
JB0060	轉心	蔣康祖古仁波切◎著	260 元
JB0061	遇見上師之後	詹杜固仁波切◎著	320 元
JB0062	白話《菩提道次第廣論》	宗喀巴大師◎著	500 元
JB0063	離死之心	竹慶本樂仁波切◎著	400 元
JB0064	生命真正的力量	一行禪師◎著	280 元

JB0065	夢瑜伽與自然光的修習	南開諾布仁波切◎著	280 元
JB0066	實證佛教導論	呂真觀◎著	500 元
JB0067	最勇敢的女性菩薩——綠度母	堪布慈囊仁波切◎著	350 元
JB0068	建設淨土——《阿彌陀經》禪解	一行禪師◎著	240 元
JB0069	接觸大地—與佛陀的親密對話	一行禪師◎著	220 元
JB0070	安住於清淨自性中	達賴喇嘛◎著	480 元
JB0071/72	菩薩行的祕密【上下冊】	佛子希瓦拉◎著	799 元
JB0073	穿越六道輪迴之旅	德洛達娃多瑪◎著	280 元
JB0074	突破修道上的唯物	邱陽．創巴仁波切◎著	320 元
JB0075	生死的幻覺	白瑪格桑仁波切◎著	380 元
JB0076	如何修觀音	堪布慈囊仁波切◎著	260 元
JB0077	死亡的藝術	波卡仁波切◎著	250 元
JB0078	見之道	根松仁波切◎著	330 元
JB0079	彩虹丹青	祖古．烏金仁波切◎著	340 元
JB0080	我的極樂大願	卓千拉貢仁波切◎著	260 元
JB0081	再捻佛語妙花	祖古．烏金仁波切◎著	250 元
JB0082	進入禪定的第一堂課	德寶法師◎著	300 元
JB0083	藏傳密續的真相	圖敦．耶喜喇嘛◎著	300 元
JB0084	鮮活的覺性	堪千創古仁波切◎著	350 元
JB0085	本智光照	遍智　吉美林巴◎著	380 元
JB0086	普賢王如來祈願文	竹慶本樂仁波切◎著	320 元
JB0087	禪林風雨	果煜法師◎著	360 元
JB0088	不依執修之佛果	敦珠林巴◎著	320 元
JB0089	本智光照—功德寶藏論　密宗分講記	遍智　吉美林巴◎著	340 元
JB0090	三主要道論	堪布慈囊仁波切◎講解	280 元
JB0091	千手千眼觀音齋戒—紐涅的修持法	汪遷仁波切◎著	400 元
JB0092	回到家，我看見真心	一行禪師◎著	220 元
JB0093	愛對了	一行禪師◎著	260 元
JB0094	追求幸福的開始：薩迦法王教你如何修行	尊勝的薩迦法王◎著	300 元
JB0095	次第花開	希阿榮博堪布◎著	350 元
JB0096	楞嚴貫心	果煜法師◎著	380 元
JB0097	心安了，路就開了： 讓《佛說四十二章經》成為你人生的指引	釋悟因◎著	320 元

JB0098	修行不入迷宮	札丘傑仁波切◎著	320 元
JB0099	看自己的心，比看電影精彩	圖敦．耶喜喇嘛◎著	280 元
JB0100	自性光明——法界寶庫論	大遍智　龍欽巴尊者◎著	480 元
JB0101	穿透《心經》：原來，你以為的只是假象	柳道成法師◎著	380 元
JB0102	直顯心之奧秘：大圓滿無二性的殊勝口訣	祖古貝瑪．里沙仁波切◎著	500 元
JB0103	一行禪師講《金剛經》	一行禪師◎著	320 元
JB0104	金錢與權力能帶給你甚麼？ 一行禪師談生命真正的快樂	一行禪師◎著	300 元
JB0105	一行禪師談正念工作的奇蹟	一行禪師◎著	280 元
JB0106	大圓滿如幻休息論	大遍智　龍欽巴尊者◎著	320 元
JB0107	覺悟者的臨終贈言：《定日百法》	帕當巴桑傑大師◎著 堪布慈囊仁波切◎講述	300 元
JB0108	放過自己：揭開我執的騙局，找回心的自在	圖敦．耶喜喇嘛◎著	280 元
JB0109	快樂來自心	喇嘛梭巴仁波切◎著	280 元
JB0110	正覺之道．佛子行廣釋	根讓仁波切◎著	550 元
JB0111	中觀勝義諦	果煜法師◎著	500 元
JB0112	觀修藥師佛——祈請藥師佛，能解決你的困頓不安，感受身心療癒的奇蹟	堪千創古仁波切◎著	450 元
JB0113	與阿姜查共處的歲月	保羅．布里特◎著	300 元
JB0114	正念的四個練習	喜戒禪師◎著	300 元
JB0115	揭開身心的奧秘：阿毗達摩怎麼說？	善戒禪師◎著	420 元
JB0116	一行禪師講《阿彌陀經》	一行禪師◎著	260 元
JB0117	一生吉祥的三十八個祕訣	四明智廣◎著	350 元
JB0118	狂智	邱陽創巴仁波切◎著	380 元
JB0119	療癒身心的十種想——兼行「止禪」與「觀禪」的實用指引，醫治無明、洞見無常的妙方	德寶法師◎著	320 元
JB0120	覺醒的明光	堪祖蘇南給稱仁波切◎著	350 元
JB0122	正念的奇蹟（電影封面紀念版）	一行禪師◎著	250 元
JB0123	一行禪師　心如一畝田：唯識 50 頌	一行禪師◎著	360 元
JB0124	一行禪師　你可以不生氣：佛陀的情緒處方	一行禪師◎著	250 元
JB0125	三句擊要： 以三句口訣直指大圓滿見地、觀修與行持	巴珠仁波切◎著	300 元
JB0126	六妙門：禪修入門與進階	果煜法師◎著	360 元

善知識系列　JB0129
禪修心經——萬物顯現，卻不真實存在

作　　者／堪祖蘇南給稱仁波切
口　　譯／張福成
特約編輯／胡琡珮
協力編輯／李　玲
業　　務／顏宏紋

總 編 輯／張嘉芳
出　　版／橡樹林文化
城邦文化事業股份有限公司
104 台北市民生東路二段 141 號 5 樓
電話：(02)2500-7696　傳眞：(02)2500-1951
發　　行／英屬蓋曼群島商家庭傳媒股份有限公司城邦分公司
104 台北市中山區民生東路二段 141 號 2 樓
客服服務專線：(02)25007718；25001991
24 小時傳眞專線：(02)25001990；25001991
服務時間：週一至週五上午 09:30 ～ 12:00；下午 13:30 ～ 17:00
劃撥帳號：19863813　戶名：書虫股份有限公司
讀者服務信箱：service@readingclub.com.tw
香港發行所／城邦（香港）出版集團有限公司
香港灣仔駱克道 193 號東超商業中心 1 樓
電話：(852)25086231　傳眞：(852)25789337
Email: hkcite@biznetvigator.com
馬新發行所／城邦（馬新）出版集團【Cité (M) Sdn.Bhd. (458372 U)】
41, Jalan Radin Anum, Bandar Baru Sri Petaling,
57000 Kuala Lumpur, Malaysia.
電話：(603) 90578822　傳眞：(603) 90576622
Email：cite@cite.com.my

封面設計／兩棵酸梅
內文排版／歐陽碧智
印　　刷／韋懋實業有限公司

初版一刷／ 2018 年 8 月
初版二刷／ 2020 年 2 月
ISBN ／ 978-986-5613-80-8
定價／ 350 元

城邦讀書花園
www.cite.com.tw

國家圖書館出版品預行編目（CIP）資料

禪修心經——萬物顯現，卻不真實存在 / 堪祖蘇南給稱仁波切著 . -- 初版 . -- 臺北市：橡樹林文化，城邦文化出版：家庭傳媒城邦分公司發行 , 2018.08
面；　公分 . --（善知識：JB0129）
ISBN 978-986-5613-80-8（平裝）

1. 藏傳佛教　2. 佛教修持　3. 般若部

226.965　　107012093

104 台北市中山區民生東路二段 141 號 5 樓

城邦文化事業股份有限公司
橡樹林出版事業部　收

請沿虛線剪下對折裝訂寄回，謝謝！

|橡|樹|林|

書名：禪修心經——萬物顯現，卻不真實存在　書號：JB0129

橡樹林文化

讀者回函卡

感謝您對橡樹林出版社之支持，請將您的建議提供給我們參考與改進；請別忘了給我們一些鼓勵，我們會更加努力，出版好書與您結緣。

姓名：＿＿＿＿＿＿＿＿＿＿ □女 □男 生日：西元＿＿＿＿＿年

Email：＿＿＿＿＿＿＿＿＿＿＿＿＿＿＿＿＿＿＿＿

● 您從何處知道此書？

□書店 □書訊 □書評 □報紙 □廣播 □網路 □廣告 DM □親友介紹

□橡樹林電子報 □其他＿＿＿＿＿＿

● 您以何種方式購買本書？

□誠品書店 □誠品網路書店 □金石堂書店 □金石堂網路書店

□博客來網路書店 □其他＿＿＿＿＿＿

● 您希望我們未來出版哪一種主題的書？（可複選）

□佛法生活應用 □教理 □實修法門介紹 □大師開示 □大師傳記

□佛教圖解百科 □其他＿＿＿＿＿＿

● 您對本書的建議：

＿＿＿＿＿＿＿＿＿＿＿＿＿＿＿＿＿＿＿＿

＿＿＿＿＿＿＿＿＿＿＿＿＿＿＿＿＿＿＿＿

＿＿＿＿＿＿＿＿＿＿＿＿＿＿＿＿＿＿＿＿

＿＿＿＿＿＿＿＿＿＿＿＿＿＿＿＿＿＿＿＿

＿＿＿＿＿＿＿＿＿＿＿＿＿＿＿＿＿＿＿＿

非常感謝您提供基本資料，基於行銷及客戶管理或其他合於營業登記項目或章程所定業務需要之目的，家庭傳媒集團（即英屬蓋曼群商家庭傳媒股份有限公司城邦分公司、城邦文化事業股分有限公司、書虫股分有限公司、墨刻出版股分有限公司、城邦原創股分有限公司）於本集團之營運期間及地區內，將不定期以 MAIL 訊息發送方式，利用您的個人資料於提供讀者產品相關之消費與活動訊息，如您有依照個資法第三條或其他需服務之業務，得致電本公司客服。

我已經完全瞭解左述內容，並同意本人資料依上述範圍內使用。

＿＿＿＿＿＿＿＿＿＿（簽名）

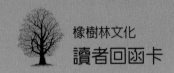

處理佛書的方式

佛書內含佛陀的法教，能令我們免於投生惡道，並且爲我們指出解脫之道。因此，我們應當對佛書恭敬，不將它放置於地上、座位或是走道上，也不應跨過。搬運佛書時，要妥善地包好、保護好。放置佛書時，應放在乾淨的高處，與其他一般的物品區分開來。

若是需要處理掉不用的佛書，就必須小心謹慎地將它們燒掉，而不是丟棄在垃圾堆當中。焚燒佛書前，最好先唸一段祈願文或是咒語，例如唵（OM）、啊（AH）、吽（HUNG），然後觀想被焚燒的佛書中的文字融入「啊」字，接著「啊」字融入你自身，之後才開始焚燒。

這些處理方式也同樣適用於佛教藝術品，以及其他宗教教法的文字記錄與藝術品。

ཡི་གེ་ཉི་ཤུ་རྩ་དྲུག་པ་འདི་དཔེ་ཆའི་ནང་དུ་བཞག་ན་དཔེ་ཆ་དེ་ཅི་འདྲར་
བགོམས་ཀྱང་ཉེས་པ་མི་འབྱུང་བར་འཇམ་དཔལ་རྩ་རྒྱུད་ལས་གསུངས་སོ། །

此咒置經書中　可滅誤跨之罪